Diabetes

Das große Kochbuch

Elisabeth Lange • Astrid Büscher

Diabetes

Das große Kochbuch

- Gesunde Lebensmittel für Diabetiker
- Vom Snack bis zum Menü
- Mit genauen BE- und Kalorienangaben

Weltbild

Inhalt

Vorwort

Waren Sie erschrocken, als Ihr Arzt Ihnen eröffnete, dass Sie unter Diabetes leiden? Kein Wunder – mit einer chronischen Krankheit leben zu müssen, kann selbst optimistische Naturen hin und wieder entmutigen. Doch es gibt keinen Grund, den Kopf hängen zu lassen. Mit einem guten Arzt, der sich in der Behandlung auskennt, und mit ein bisschen persönlichem Engagement bekommen Sie diese Krankheit fast immer gut in den Griff. Vielleicht gelingt es Ihnen, die Diagnose Diabetes als Chance zur Veränderung Ihres Lebens zu verstehen.

Eine aktuelle Studie zeigt, dass die Zahl der Zuckerkranken in Deutschland jedes Jahr um 300 000 ansteigt. Wenn die Entwicklung so weitergeht, gibt es 2025 doppelt so viele Diabetiker wie heute.

Am besten konzentrieren Sie sich auf die positive Seite der Veränderungen und vergessen alle Verbote. Planen Sie konsequent mehr gesunde Lebensmittel ein, lassen Sie das Auto, so oft es eben geht, stehen, und schreiben Sie sich mindestens zwei Sporttermine pro Woche fest in den Kalender. Dann werden Sie sich innerhalb weniger Wochen leistungsfähiger und frischer fühlen. Bald wird Ihnen auch ein Blick in den Spiegel sagen, dass sie straffer aussehen und vitaler wirken.

Positive Veränderungen des Lebensstils wirken besser als Medikamente, das ist wissenschaftlich erwiesen. Abnehmen spielt dabei eine Hauptrolle. 70 bis 80 Prozent aller Diabeteserkrankungen ließen sich verhindern, wenn die Menschen mehr auf ihre schlanke Linie achten würden. Immer häufiger stellen Ärzte sogar bei Kindern und Jugendlichen die Diagnose »Altersdiabetes«, also Typ-2-Diabetes. Fast alle der jungen Betroffenen sind stark übergewichtig. Diabetes ist also nicht nur das Problem des Einzelnen, sondern eines, das ganze Familien betrifft. Ändern die Eltern ihre Art zu essen und bewegen sich mehr, profitieren die Kinder von diesem Vorbild.

Vor Ihnen liegt kein strenges Diätbuch mit ausgeklügelten Kostplänen, Tabellen und Verboten. Denn damit kommen nur wenige Menschen auf Dauer gut zurecht. Gerade die an Diabetes-Typ-2 Erkrankten fühlen sich von rigiden Ratschlägen regelrecht bevormundet und in ihrer Lebensqualität eingeschränkt. Erfolg garantiert dagegen auf Dauer nur eine individuelle Ernährungsweise, die Spaß macht und den Gaumen befriedigt. Dazu soll dieses familiengerechte Kochbuch beitragen. Es bietet mehr als 160 ausgeklügelte, gesunde Rezepte, beantwortet die Frage, wie man sich langfristig gesund ernährt, hilft, den Blutzucker zu kontrollieren und gleichzeitig alle für die Gesundheit wichtigen Nährstoffe aufzunehmen. Mit einem individuell zusammengestellten Speiseplan fällt es leicht, ohne großen Verzicht Kalorien zu sparen. Langsam, aber sicher verschwinden dann die überschüssigen Pfunde und der Blutzuckerspiegel sinkt.

Falls Sie wissen wollen, ob die Änderung Ihres Lebensstils wirklich etwas gebracht hat, bitten Sie Ihren Arzt, jedes Vierteljahr den so genannten HbA1c-Wert zu bestimmen. Liegt dieser Laborwert unter 7,5 Prozent, hat sich Ihr Blutzuckerspiegel langfristig günstig entwickelt.

Viel Erfolg wünschen Ihnen
Astrid Büscher und Elisabeth Lange

Leichter kochen, besser essen

Diabetiker stehen mit ihrer Krankheit nicht allein. In Deutschland sind über sechs Millionen Menschen von einer Störung des Zuckerstoffwechsels betroffen. Überall auf der Welt suchen Mediziner und Molekularbiologen nach dem Schlüssel zur Heilung. Gefunden haben sie ihn – trotz großer Anstrengungen – noch nicht. Es bleibt einem selbst also nichts anderes übrig – darin stimmen alle Experten überein –, als seinen Lebensstil an seine Erkrankung anzupassen. Wer Sport treibt, Kalorien spart, wenn es nötig ist, und durch die richtige Auswahl an Lebensmitteln den Blutzuckerspiegel senkt, hat die Erkrankung schon halb besiegt.

So bleibt der Blutzuckerspiegel stabil

»Leben ist das«, erklärte der kluge und viel zu früh verstorbene Musiker John Lennon einmal, »was passiert, während du eifrig dabei bist, andere Pläne zu machen.« Und eines Tages sagt dann ein Arzt zu Ihnen: »Sie leiden unter einer Stoffwechselstörung. Sie sind Typ-2-Diabetiker. Ihr Blutzuckerspiegel ist viel zu hoch.« Die Diagnose ist der deutliche Hinweis, dass es an der Zeit ist, sich einen neuen, gesünderen Lebensstil zuzulegen.Wie bei den meisten chronischen Erkrankungen, sind die ersten Anzeichen für einen gestörten Stoffwechsel so gering, dass der Betroffene selbst sie gar nicht bemerkt. Symptome wie etwa Antriebsmangel und Schwächegefühle verbucht er vielleicht unter »Ich habe eben immer viel zu tun« oder »Stress mit der Familie«. Diabetes verursacht keine Schmerzen. Unglücklicherweise, könnte man fast sagen, denn sonst würden die Betroffenen die schleichende Krankheit viel schneller feststellen und könnten früher behandelt werden.

Leider erben wir von unseren Eltern nicht nur die Körpergröße oder die Augenfarbe, sondern auch die Neigung zu Erkrankungen. So bekommt ein Typ-2-Diabetiker die Veranlagung zu einem instabilen Blutzucker in die Wiege gelegt.

Der gestörte Stoffwechsel

Diabetes ist eine tief greifende Störung des Stoffwechsels, die man ernst nehmen sollte. Die Erkrankung hindert den Körper daran, Kohlenhydrate vollständig zu verwerten. Die Folge: Zucker, der Grundbaustein der Kohlenhydrate, sammelt sich im Blut an. Zucker entsteht im Körper aus allen Nahrungsmitteln, die Kohlenhydrate enthalten. Nach einer kohlenhydrat- bzw. zuckerhaltigen Mahlzeit steigt bei jedem Menschen der Blutzuckerspiegel. Um den Zucker als Kraftquelle nutzen zu können, schöpft das Hormon Insulin ihn aus dem Blut ab und schleust ihn in die Körperzellen. Kommt genügend Zucker als Energie in der Zelle an, fühlt sich der Mensch bis zur nächsten Mahlzeit frisch und energiegeladen.

Typ-2-Diabetiker leiden oft an Erschöpfung, weil ihre Zellen das Hormon Insulin ignorieren und sich weigern, den Zucker aus der Nahrung in Energie zu verwandeln. Sogar, wenn sie zu viel essen, also zu viel Energie mit dem Essen aufnehmen, leiden ihre Zellen Mangel. Je mehr Zucker nach einer Mahlzeit im Blut auftaucht, desto mehr Insulin produziert der Körper. Und je mehr Insulin im Blut schwimmt, desto weniger reagieren die Zellen. Fachleute nennen dieses Dilemma »Insulinresistenz«. Wer seinen Stoffwechsel entlasten möchte, sorgt also besser dafür, dass der Blutzucker nicht blitzschnell hochschießt, sondern moderat ansteigt und lange stabil bleibt. Hier kommt es auf die Auswahl der Lebensmittel an und auf die Zusammenstellung der Mahlzeiten. Ein weißes Brötchen oder ein Glas süße Cola wird in so kurzer Zeit abgebaut, dass der Blutzuckerspiegel rasch ansteigt. Experten sagen: Diese Lebensmittel besitzen einen hohen glykämischen Index und meinen damit das drastische Hochschnellen des Blutzuckers. Andere Speisen werden von den Verdau-

Ursachen für den Typ-2-Diabetes sind vor allem Übergewicht und Bewegungsmangel. Nicht nur der erhöhte Blutzuckerspiegel ist riskant, sondern auch die häufig begleitenden Fettstoffwechselstörungen, der erhöhte Blutdruck und Veränderungen der Blutgerinnung. Zusammen schädigen diese Faktoren die Gefäße, so dass Diabetes mit einem erhöhten Risiko für einen Herzinfarkt einhergeht.

ungssäften erst nach und nach zerlegt. Dann geht der enthaltene Zucker, also die Glukose, entsprechend gemächlich und gleichmäßig ins Blut über, das Essen hält lange vor. Solche Speisen weisen einen niedrigen glykämischen Index auf.

GLYKÄMISCHER INDEX

Über 80: Sehr hoher glykämischer Index
Traubenzucker/Glukose, Cornflakes, weißer Reis, in der Schale gebackene Kartoffeln (Baked Potatoes)

65 bis 80: Hoher glykämischer Index
Weißbrot, Brötchen, Kartoffelpüree, Pellkartoffeln, Salzkartoffeln, Honig, Wassermelone

50 bis 65: Mittlerer glykämischer Index
Milch, Jogurt, Ananas, Bananen, Trauben, Schokolade, Müsli, Orangensaft, Eiscreme, Hafer, Basmati-Reis, Vollkorn-Reis, Hartweizen-Nudeln

Unter 50: Niedriger glykämischer Index
Parboiled Reis, Getreidekörner (unzerkleinert), Linsen, Kichererbsen, weiße Bohnen, Bulgur, Äpfel, Fruchtzucker, Erdnüsse, Eiernudeln, Graupen, Roggenvollkornbrot

Führende Experten berufen sich nicht gern auf den glykämischen Index. Sie halten mehr von dem Begriff »glykämische Last«. Er berücksichtigt neben der Art der Kohlenhydrate auch die Menge. Und die ist wichtig! Denn wie viel man von einem kohlenhydrathaltigen Lebensmittel isst, bestimmt schließlich, wie viel Insulin der Körper benötigt.

Das klingt in der Theorie gut, hilft aber in der Praxis wenig. Denn wie stark ein ganz bestimmtes Lebensmittel den Blutzuckerspiegel ansteigen lässt, das können auch Experten heute noch nicht voraussagen. Der glykämische Index, der dies anzeigt, wird von zu vielen Faktoren beeinflusst, z.B. von der Zusammensetzung des Lebensmittels, vom Grad der Verarbeitung, der Zubereitung und - nicht zuletzt - von den übrigen Bestandteilen der Mahlzeit. Die Reaktion des Blutzuckers auf eine Portion eines Lebensmittels kann außerdem von Mensch zu Mensch, aber auch von Tag zu Tag erheblich schwanken. Es macht deshalb wenig Sinn, sich sklavisch nach Tabellen zu richten, die den einzelnen Lebensmitteln einen bestimmten glykämischen Index zuschreiben. Besser, man nimmt die Zahlen nur als Anhaltspunkt.

Gefährliche Blutzuckerspitzen lassen sich nur durch zwei Arten von Lebensmitteln verhindern: durch fette und durch ballaststoffreiche. Enthält ein Gericht viel Fett, dauert es lange, bis der Magen sich entleert und die Kohlenhydrate peu à peu über den Dünndarm ins Blut gelangen. Ballaststoffe verlangsamen die Verdauung ebenfalls und sorgen für eine gemächliche, aber kontinuierliche Aufnahme des Zuckers. Weil der Stoffwechsel des Diabetikers auf einen hohen Anteil an gesättigten Fetten (z.B. aus Butter oder Wurst) negativ reagiert und zu viel mehrfach ungesättigte Fettsäuren (z.B. aus Distelöl, Traubenkernen und Sonnenblumenöl) ebenfalls nachteilig wirken, bleiben nur die einfach ungesättigten Fettsäuren (z.B. aus Raps- und Olivenöl oder Geflügelfett), um den Anstieg des Blutzuckers zu bremsen. Nach Ansicht von Experten sollten vor allem schlanke Diabetiker mit erhöhtem Triglyceridspiegel im Blut (Laborwert) einen Teil der Kohlenhydrate durch Öle mit hohem Gehalt an einfach gesättigten Fettsäuren ersetzen. Am besten sprechen Sie darüber mit Ihrem Arzt oder einer Ernährungsberaterin und probieren aus, ob Ihr Blutzuckerspiegel stabiler wird, wenn Sie z.B. anstelle einer zusätzlichen Scheibe Brot einen Löffel Fett mehr verwenden. Für alle anderen Diabetiker sind ballaststoffreiche Lebensmittel wie etwa Vollkornprodukte und Hülsenfrüchte die beste Wahl, wenn es darum geht, den Blutzucker stabil zu halten.

Sprechen Sie mit Ihrem Arzt oder einer Ernährungsberaterin über Ihre Laborwerte, und entscheiden Sie dann, ob Sie mehr Kohlenhydrate oder mehr Fett essen.

Schnelle Kohlenhydrate, also diejenigen, die in der Übersicht (→ Seite 10) über 65 liegen, baut man besser wohl dosiert in Mahlzeiten ein. Zusammen mit etwas Fett und Ballaststoffen aus anderen Zutaten bleibt der Anstieg des Blutzuckers gering, weil das komplette Essen den Magen nicht so schnell verlässt und die Verdauungsenzyme mehr zu tun haben als bei der puren Zutat. Im Alltag heißt das: Planen Sie Gemüse, Hülsenfrüchte und Vollkorngetreide in jede Mahlzeit ein.

MEHR AUF DEM TELLER, WENIGER HUNGER

100 Gramm enthalten	Ballaststoffe	100 Gramm enthalten	Ballaststoffe
Inulin	89 g	Weizenkeime	18 g
Pektin	74 g	Grüne Erbsen, getrocknet	18 g
Johannisbrotkernmehl	74 g	Sojakerne, getrocknet	17 g
Weizenkleie	45 g	Sojamehl (Vollsoja)	17 g
Leinsamen	35 g	Weiße Bohnen, getrocknet	17 g
Kakaopulver	33 g	Roggen	14 g
Erdmandelflocken (Chufanuss)	32 g	Roggenknäckebrot	14 g
Haferkleie	30 g	Hirse	13 g
Dicke Bohnen	28 g	Kichererbsen, getrocknet	12 g
Roggenkleie	28 g	Linsen, getrocknet	11 g
Knäckebrot, ballaststoffreich	24 g	Erdnusskerne	11 g
Kidneybohnen, getrocknet	21 g	Sesam	11 g

Wer beim Kochen häufig ballaststoffreiche Zutaten aus dieser Liste verwendet, sorgt für einen stabilen Blutzucker. Außerdem wird man von ballaststoffreichem Essen schneller und nachhaltiger satt. Die angenehme Folge: Man nimmt langsam, aber sicher ab.

Erfolg durch kleine Änderungen im Lebensstil

Lassen Sie sich nicht entmutigen! Lieb gewordene Lebensgewohnheiten zu ändern ist wirklich schwer – selbst für sehr disziplinierte Menschen. Neuerungen brauchen deshalb Zeit und Geduld. Freuen Sie sich über jeden Tag, an dem Ihnen eine kleine Veränderung gelungen ist. Sie haben Grund, stolz auf sich zu sein. Und weil man tatsächlich Ausdauer braucht, ist ein kleiner Ausrutscher keine Katastrophe und bestimmt kein Anlass aufzugeben und wieder in alte Muster zu verfallen.

Es gibt tausend Gründe, sich nicht zu bewegen und auf dem Sofa sitzen zu bleiben. Doch wer seinen Stoffwechsel entlasten möchte, kommt nicht umhin, sich aufzuraffen und die Muskeln spielen zu lassen.

Körpergewicht reduzieren

Je mehr Gewicht ein Typ-2-Diabetiker mit sich herumträgt, desto geringer ist die Wirkung des Insulins auf die Zellen. Nimmt er langsam und stetig ab, werden die Zellen wieder empfänglicher für Insulin, sie nehmen die Glukose besser auf und der Blutzuckerspiegel sinkt. Medizinische Präparate und Extremdiäten, die als gewichtsreduzierend beworben werden, kommen wegen gefährlicher Nebenwirkungen bei Diabetes nicht in Frage.

Sport und Bewegung

Arbeiten die Muskeln, benötigen sie Energie und verbrauchen Glukose. Deshalb sinkt der Blutzuckerspiegel. Wie viel Sie essen können, hängt also auch davon ab, wie viel Sie sich bewegen. Um messbar das Gewicht zu reduzieren, ist ein zusätzlicher Energieverbrauch von mindestens 2500 Kalorien pro Woche erforderlich, das entspricht fünf Stunden zusätzlicher körperlicher Bewegung.

Wie viel Insulin?

Diabetiker, denen der Facharzt Insulin verordnet hat, stimmen den Kohlenhydratgehalt der Mahlzeiten auf die Insulinmenge ab. Alle Rezepte dieses Buchs enthalten Angaben über den Gehalt von Kohlenhydraten bzw. Broteinheiten.

Hat Ihr Arzt Ihnen zu Insulin geraten? Lehnen Sie nicht gleich ab. Für einige Diabetiker bedeutet Insulin eine Verbesserung der Lebensqualität.

Verzicht auf Medikamente

Leiden Sie unter Diabetes-Typ-2, dann planen Sie Ihre Ernährung so, dass Sie im besten Fall auf Diabetesmedikamente verzichten können. Sprechen Sie Ihren Arzt darauf an und erzählen Sie ihm, dass Sie mit einer Änderung des Lebensstils versuchen wollen, ohne Medikamente auszukommen.

Kompetente Beratung

Suchen Sie sich einen auf Diabetes spezialisierten, von Verkaufsinteressen unabhängigen Ernährungsberater. Dafür lohnt sich ein Anruf bei Ihrer Krankenkasse, bei einer großen Diabetes-Gesellschaft (Adressen → Seite 124) oder in einer Diabetes-Fachpraxis. Bitten Sie die Beratungskraft, anhand von Laborwerten (Cholesterinwert, Blutdruck, Mikroalbumin) mit Ihnen zusammen einen individuellen Ernährungsplan auszuarbeiten.

Qualifizierte Schulungen und individuelle Betreuung helfen beim Start in einen neuen Lebensstil. Krankenkassen und Diabetes-Organisationen (Adressen → Seite 124) bieten hilfreiche Programme an.

Gute Gewohnheiten

Sie behalten den Blutzuckerspiegel am besten im Griff, wenn Sie immer ungefähr zur gleichen Tageszeit die gleiche Menge und eine ähnliche Kombination von Lebensmitteln essen. Also z. B. morgens ein ballaststoffreiches Müsli, etwas Obst als Zwischenmahlzeit, mittags eine leichte Mahlzeit mit Salat, nachmittags einen Jogurt und abends ein ausgewogenes Essen mit Gemüse. An geringere Mengen gewöhnt man sich leichter, wenn man das Essen auf kleinen Tellern dekorativ mit einigen Salatblättern anrichtet.

FÜNF SCHRITTE ZUM STABILEN BLUTZUCKER

1. Nutzen Sie vor allem Vollkorngetreide, Gemüse und Hülsenfrüchte als Quelle für »langsame« Kohlenhydrate.
2. Verwenden Sie hochwertige Fette wie Raps- und Olivenöl. Essen Sie Nüsse anstelle von fetter Wurst, Chips oder Imbissspezialitäten.
3. Genießen Sie Fleisch und Wurst in Maßen. Planen Sie dafür mehr magere Milchprodukte ein.
4. Süßen Sie möglichst kalorienarm, also mit Süßstoff oder einer Mischung aus Süßstoff und Zucker.
5. Halten Sie Maß beim Alkohol.

Keine Strafen!

Schlemmersünden durch extremes Kaloriensparen am nächsten Tag auszugleichen, nützt bei Diabetes nichts. Im Gegenteil: Wechseln Kalorien- und Kohlenhydratmengen von Tag zu Tag, schießt der Blutzucker hoch und wieder hinunter. Versuchen Sie lieber, sich viel und regelmäßig zu bewegen, damit Sie jeden Tag ausreichend und lustvoll essen können.

Wer sparsam isst und jede Kalorie zählt, aber keinen Sport treibt, verliert anfangs durchaus an Gewicht; doch baut der Körper gleichzeitig Muskelmasse ab. Das bremst den Stoffwechsel. Verlorene Pfunde kommen dann bald wieder zurück. Also: Bewusst essen und sich ausdauernd bewegen, das bringt den Erfolg!

Tägliche Erfolgskontrolle

Wer seinen Blutzuckerspiegel täglich prüft, hilft dem Arzt, die ideale Therapie zu finden. So können Ernährung, Bewegung, Insulingaben und andere Medikamente den Bedürfnissen angepasst werden. Haben Sie es geschafft, den Blutzucker allein mit Ernährung und Bewegung ins Lot zu bringen, reicht es für Typ-2-Diabetiker, morgens nach dem Aufstehen und abends vor dem Essen zu messen.

Süßstoffe statt Diabetiker-Zucker

Wer die Zutatenliste von süßen Diabetikerprodukten durchliest, findet dort Stoffe wie Fruchtzucker, Sorbit, Xylit und Isomalt. Sie lassen zwar den Blutzuckerspiegel nicht oder nur schwach ansteigen, doch ideal sind diese Süßigkeiten trotzdem nicht. Fruchtzucker liefert genau wie Haushaltszucker vier Kalorien (17 kJ) pro Gramm. Sorbit, Xylit und Isomalt fallen immerhin noch mit 2,4 Kalorien (10 kJ) pro Gramm ins Gewicht. Günstiger als üblicher Haushaltszucker wirken Zuckeraustauschstoffe nicht. Fruchtzucker (Fruktose) hat sogar Nachteile. Isst man viel davon, sammeln sich mehr Fettstoffe im Blut. Wer Süßes liebt und gern abnehmen möchte, sollte lieber zu Süßstoffen greifen. Sie können sie problemlos beim Kochen und zum Süßen von Getränken verwenden, denn die synthetische Süße hat keinen Einfluss auf den Blutzucker und liefert auch (fast) keine Energie. Falls Sie beim Einkaufen in der Zutatenliste auf der Verpackung nachsehen möchten: Die bekanntesten Süßstoffe sind Saccharin, Zyklamat, Aspartam und Acesulfam K.

Ist Alkohol schädlich?

Wer gern ein Glas Rotwein trinkt, greift am besten zu jungen Weinen mit einer intensiv roten Farbe. Bioaktive Pflanzenstoffe aus der Rebe und aus den Fässern, in denen der Wein reift, unterstützen den Stoffwechsel.

Das kommt darauf an. Fassgereifter Rotwein hilft beispielsweise, das »gute« HDL-Cholesterin zu heben und entlastet so den Fettstoffwechsel. Der Grund liegt nicht nur im Alkohol. Auch Pflanzenstoffe (Polyphenole) aus Reben und Fass tragen zur Wirkung bei. Über die optimale Dosis beim Alkohol streiten die Fachleute. So sind ein bis zwei Gläschen Wein zum Essen, also ein viertel Liter für Männer (20 Gramm Alkohol) und ein achtel Liter für Frauen wahrscheinlich akzeptabel. Bei größeren Mengen treten die Nachteile in den Vordergrund: Alkohol macht dick, denn der Körper verbrennt Alkohol immer zuerst. Die Energie aus dem Essen geht dafür auf

Lager. Schon durch ein, zwei Gläschen Alkoholisches wird die Verbrennung von Fett für mehrere Stunden blockiert. Dabei schlagen sich die durch den Alkohol eingesparten Fettkalorien ausgerechnet um die Leibesmitte nieder. Diabetiker, die Blutzucker senkende Medikamente (Sulfonylharnstoffe) oder Insulin bekommen, sollten Alkohol nur zu einer ausgewogenen Mahlzeit trinken, sonst droht Unterzuckerung.

Richtig kombinieren

Der Anstieg des Blutzuckers lässt sich leichter im Zaum halten, wenn man fetthaltige und fettarme Speisen in einer Mahlzeit kombiniert. Weiße Brötchen mit Magerquark und Konfitüre lassen den Blutzucker hochschießen. Gibt man dagegen etwas Butter aufs helle Brot, verlangsamt sich die Reaktion. Auch Salzkartoffeln, die pur gegessen den Zuckerspiegel in die Höhe jagen, wirken langsamer, wenn man ein Stück Fleisch dazu serviert. Fetthaltige Bratkartoffeln dagegen kombiniert man besser mit magerem, gedünstetem Gemüse. Ein süßes Dessert geht gemächlicher ins Blut, isst man bei der Mahlzeit vorher ein ballaststoffreiches Gericht mit Vollkorn und Hülsenfrüchten. Soll ein gehaltvolles Essen mit etwas mehr Fett als üblich folgen, empfiehlt sich eine klare Suppe oder Brühe oder ein Salat mit fettfreiem Dressing als Vorspeise. Insgesamt gilt: Je üppiger die Mahlzeit ausfällt, desto mehr Verdauungsarbeit muss während des Stoffwechsels geleistet werden und desto mehr körperliche Bewegung ist nötig, um überschüssige Kalorien zu verbrennen.

Viele Erfrischungsgetränke werben mit Zusätzen von Vitaminen und Ballaststoffen. Für Diabetiker sind jedoch vor allem Gemüse- und ungesüßte Obstsäfte günstig, weil sie genug vom Blutdruck regulierenden Mineralstoff Kalium liefern und außerdem wertvolle Pflanzenstoffe enthalten, die den Stoffwechsel unterstützen. Mit reichlich Wasser verdünnt, fallen sie in puncto Kalorien kaum ins Gewicht.

CHECKLISTE: BIN ICH UNTERZUCKERT?

Erfahrene Diabetiker kennen die Anzeichen: Man gähnt, fühlt sich müde, übellaunig, es flimmert einem vor den Augen, die Knie zittern vor Schwäche. All diese Anzeichen sprechen dafür, dass der Blutzuckerspiegel zu stark abgesunken ist. Was kann der Grund sein?

- Haben Sie zu wenig Kohlenhydrathaltiges konsumiert oder zu spät gegessen?
- Waren Sie unvorhergesehenen körperlicher Anstrengungen ausgesetzt?
- Haben Sie Ihre Blutzucker senkenden Medikamente zu hoch dosiert?
- Haben Sie eine zu große Menge Insulin injiziert?
- Haben Sie Alkohol getrunken, ohne dazu zu essen?

Hilfe bei Unterzuckerung

Was sonst als Diätsünde gilt, ist bei einer Unterzuckerung notwendig: Essen Sie schnell wirksame Kohlenhydrate, also Zucker! Am besten eignet sich für diesen Fall ein süßes Getränk wie etwa Tee oder Kaffee mit ein, zwei Teelöffeln Zucker. Für den Notfall tragen manche Diabetiker ein Stück Traubenzucker griffbereit bei sich. Bonbons, Obstsaft oder Cola-Getränke leisten ebenfalls Abhilfe, wenn nichts anderes verfügbar ist. Bei einer leichten Unterzuckerung helfen auch Nahrungsmittel, die den Blutzucker langsamer erhöhen als reiner Zucker. Essen Sie dann z. B. ein helles Brötchen mit Käse oder einen Fruchtjogurt.

Typ-2-Diabetiker, die ohne Medikamente auskommen, laufen kaum ein Risiko, in eine Unterzuckerung zu geraten. Meist ist es ein Zuviel an Insulin, das den Blutzucker in den Keller schickt.

Lexikon der gesunden Zutaten

Eine vernünftige Ernährungsweise und ausreichende Bewegung senken den Blutzuckerspiegel, und zwar so nachhaltig, dass mancher an Diabetes Erkrankte auf Tabletten und Insulin verzichten kann. Daher wollen wir Ihnen noch vor den Rezepten einige dieser gesunden Zutaten vorstellen, die sich besonders günstig auf die Ernährung und damit auf die Lebensweise von Diabetikern auswirken:

Buchweizen

Buchweizen ist reich am Spurenlement Chrom und verbessert die Blutzuckerkurve.

Wer gesund und preiswert essen möchte, dem hat Buchweizen allerhand zu bieten: Die kantigen hellen Körner enthalten knapp zehn Prozent hochwertiges Eiweiß, außerdem steckt überdurchschnittlich viel Vitamin E in den unscheinbaren Feldfrüchten. Diabetiker, die gern Buchweizen essen, verbessern sogar ihren Zuckerstoffwechsel. Das fanden chinesische Forscher in der inneren Mongolei, einer traditionellen Buchweizengegend, heraus. Aufmerksam geworden waren die Experten, weil in Gebieten, in denen Buchweizen zu den Grundnahrungsmitteln gehört, nur etwa ein bis zwei Prozent der Menschen an Diabetes erkranken, während die Erkrankungsraten in Gegenden Chinas, in denen das Korn nicht gegessen wird, bei vier bis sieben Prozent liegen. So überraschte es die Experten nicht, dass ihre Probanden bereits nach 15 Tagen Buchweizendiät eine verbesserte Blutzuckerkurve aufwiesen. Der Forscher Zhang Hongwei erklärte den Effekt mit dem hohen Gehalt des Spurenelements Chrom sowie dem reichlichen Angebot an günstigem Eiweiß und an Ballaststoffen, die sich in den unscheinbaren Körnchen finden. »Buchweizen könnte auf sichere, einfache und kostengünstige Art und Weise helfen, den Blutzuckerspiegel zu senken und Diabetes-Komplikationen zu vermeiden«, glaubt auch die kanadische Wissenschaftlerin Carla Taylor von der Universität Manitoba. Die Forscherin und ihre Kollegen untersuchten rund 40 Ratten. Nach einer Buchweizenmahlzeit sank der Blutzuckerspiegel der Tiere um 12 bis 19 Prozent, bei Kontrolltieren stellte sich dagegen keine Veränderung ein. Die kanadischen Forscher führen den Effekt auf die Substanz Chiro-Inositol zurück, von der Buchweizen erhebliche Mengen enthält. Untersuchungen zufolge spielt dieser Stoff eine wichtige Rolle bei der Regulation des Blutzuckerspiegels.

Ein aktiver Lebensstil kann das Risiko für Typ-2-Diabetes um 90 Prozent senken. Das ist das Ergebnis einer Studie, bei der 80 000 Krankenschwestern 16 Jahre lang immer wieder nach ihren Lebensgewohnheiten befragt wurden. Das geringste Risiko hatten Frauen, die sich gesund ernährten, nicht übergewichtig waren und sich täglich eine halbe Stunde kräftig bewegten.

Dinkel, Weizen & Co.

Das Beste, was ein Mensch, der an Diabetes erkrankt ist, in puncto gesunder Ernährung tun kann, ist Vollkorngetreide in seinen Speisezettel aufzunehmen. Vor allem Weizen, Dinkel und Grünkern sind so nahrhaft, dass sie die wohl wichtigsten Überlebensmittel unserer Vorfahren darstellten. Für Menschen mit gestörtem Zucker-

Mit Vollkornmehlen selbst zu backen ist ein guter Tipp für Diabetiker, die einen stabilen Blutzucker wollen.

stoffwechsel kommt es darauf an, nicht nur den weißen Mehlkörper dieser Getreide, sondern möglichst viel vom vollen Korn auf den Tisch zu bringen. Nur so kann der Körper von den reichlich enthaltenen B-Vitaminen und Ballaststoffen profitieren und den Blutzuckerspiegel in der Balance halten. Wer gern Müsli aus frisch geschrotetem, eingeweichtem Weizen oder Gerichte aus gekochtem Weizen isst, tut seinem Körper etwas Gutes, weil die Kohlenhydrate langsam und gleichmäßig aus den Körnern herausgelöst werden und der Blutzuckerspiegel deshalb über längere Zeit konstant bleibt.

Das bewies auch eine amerikanische Langzeitstudie, die im Jahr 1986 begann. An ihr nahmen über 40 000 Männer teil. Die Ergebnisse zeigten, dass übergewichtige, sportliche Personen, die regelmäßig Vollkornprodukte konsumierten, ein um 52 Prozent niedrigeres Diabetes-Risiko hatten als Übergewichtige, die das selten taten. Experten weisen darauf hin, dass die Ballaststoffe des Getreides die Magenentleerung verzögern und die Freisetzung von Glukose verlangsamen. Nach den Mahlzeiten schüttet der Körper weniger Insulin aus, das Sättigungsgefühl hält länger an. Dieser Vorgang scheint auch das Körpergewicht zu regulieren.

Amerikanische Forscher zeigten, dass Vollkorn sogar im Stande ist, den angeschlagenen Stoffwechsel zu heilen. Je mehr und regelmäßiger Vollkorn in den Speisezettel integriert wurde, desto empfindlicher reagierte der Körper wieder auf das notwendige Insulin.

Hafer

Als Flocken schmeckt Hafer vielen Menschen im Müsli. Doch ganze eingeweichte Haferkörner oder grob geschroteter Hafer belastet den Blutzucker noch weniger als feine Flocken oder gar die leicht löslichen Instantflocken. Das liegt einfach daran, dass die Verdauungssäfte länger brauchen, um die Kohlenhydrate aus dem Korn herauszulösen. Der glykämische Index (→ Seite 10) liegt also um so niedriger, je »gröber« das Haferkorn zerkleinert wird.

Der hohe Gehalt des Hafers an B-Vitaminen kommt den empfindlichen Nerven eines Diabetikers besonders zustatten. Darüber hinaus sind im Hafer fast alle wichtigen Mineralstoffe versammelt, vor allem Kalzium und Magnesium. Doch für den gesunden Stoffwechsel sind die so genannten Beta-Glukane noch viel interessanter. Besonders reich daran ist Haferkleie. Sie besteht aus den äußeren Schichten des Haferkorns und aus dem Keimling. Obwohl die Kleie nur etwa ein Drittel des Haferkorns ausmacht, stecken in diesem Teil 85 Prozent der Vitamine, 80 Prozent der Mineralstoffe, 60 Prozent des Proteins und 85 Prozent aller Ballaststoffe, also alle wertvollen Teile sind in hoher Konzentration enthalten.

Früher glaubte man, dass erst Mengen ab 75–100 Gramm Haferkleie pro Tag wirken. Studien der Universität Würzburg zeigten jetzt: Schon Mengen ab 30 Gramm pro Tag regulieren den Fettstoffwechsel nachhaltig.

Lösliche Ballaststoffe können den Cholesterinspiegel deutlich senken, indem sie dafür sorgen, dass mehr Gallensäure ausgeschieden wird. Der Körper muss dann neue bilden und benötigt dafür Cholesterin als Bausubstanz. Er schöpft das im Blut schwimmende Cholesterin ab und senkt auf diese Weise den Cholesterinspiegel. Gleichzeitig steigt der Anteil des guten, des HDL-Cholesterins. Auch die Zusammensetzung der Blutfette verbessert sich.

Hühnereier

Sie sind rundum gesund – wirklich! Eier liefern hochwertiges Protein. Dessen Grundbausteine, die Aminosäuren, sind für den Körper günstiger zusammengesetzt als die jedes anderen Nahrungsmittels, ausgenommen Muttermilch. Daher hat man Eier zur Messlatte für den Wert von Nahrungseiweiß (Protein) gemacht: Das Hühnerei bekam die Kennzahl 100, Rindfleisch liegt nur bei 92 und Kuhmilch bei 90. Eier sind außerdem eine vorzügliche Quelle für die Mineralstoffe Kalzium und Eisen und dazu noch reich an den Vitaminen A, D, E und der Gruppe der B-Vitamine.

Hühnereier sind viel gesünder als ihr Ruf. Experten glauben heute, dass sie den Cholesterinspiegel eher senken als erhöhen.

In Verruf kamen die gesunden Lebensmittel wegen ihres hohen Gehalts von 200 Milligramm Cholesterin pro Ei. Nachdem die Experten jahrelang vor Eiern warnten, traute sich kaum noch jemand, der Herz und Kreislauf fit halten wollte, ein paar mehr davon zu essen. Doch hier kommt die Entwarnung: Eier steigern den Cholesterinspiegel nicht.

Jetzt erklärten US-Forscher, warum das so ist. Ein natürlicher Stoff (Phosphatidylcholin) im Eigelb hindert den Körper, das Cholesterin aufzunehmen. Ohnehin stammt nur ein geringer Teil des Cholesterins, das im Blut schwimmt, aus Nahrungsmitteln. Den Rest produziert der Körper selbst. Wer seinen Cholesterinspiegel nachhaltig senken will, sorgt am besten für reichlich Ballaststoffe und treibt ausreichend Sport.

Hülsenfrüchte: Erbsen, Bohnen, Linsen

Hülsenfrüchte sind billig. Weltweit ernähren sich Milliarden von Menschen von Linsen, Kichererbsen, Erbsen und Bohnen, vor allem, weil die unscheinbaren Samen wertvolles pflanzliches Eiweiß, reichlich gut sättigende Kohlenhydrate und bis zu 20 Prozent Ballaststoffe enthalten. Diese Kombination ist so günstig für den Blutzuckerspiegel, dass Diabetiker nur die Hälfte der Kohlenhydrate, die aus Hülsenfrüchten stammen, anrechnen müssen. Denn sie werden so langsam und gleichmäßig verdaut, dass der Blutzuckerspiegel weder übermäßig steigt noch unvermittelt abfällt. Diese so genannten »langsamen« Kohlenhydrate sind für alle Menschen wichtig, die auf ihr Gewicht achten, aber nicht hungern wollen. Es gibt sogar Untersuchungen, die belegen, dass ein Teil der Hülsenfrüchte den Körper ungenutzt wieder verlässt.

Wer Hülsenfrüchte mag, bekommt einen natürlichen »Appetithemmer« gleich mitgeliefert. Studien zeigten, dass sich Menschen nach einer Hülsenfruchtmahlzeit länger satt fühlen und – ohne es zu bemerken – bei der nächsten Mahlzeit weniger essen.

Inulin

Artischocken, Knoblauch, Schwarzwurzeln, Topinambur und Zwiebeln enthalten Inulin von Natur aus. Doch für wirksame Mengen müsste man gewaltige Gemüseportionen konsumieren. Da ist es leichter, das weiße zuckerähnliche Pulver beim Kochen in bevorzugte Gerichte zu mischen. Hersteller gewinnen Inulin aus den Wurzeln der Zichorie (Chicorée). Die Prozedur ist einfach: Heißes Wasser genügt, um den Naturstoff aus den Knollen herauszulösen. In kleinen, oft zu kleinen Mengen, setzen die Lebensmittelproduzenten den löslichen Ballaststoff als Zutat in Fertigprodukten wie etwa Jogurts, Tütensuppen und Kaubonbons ein. Weil Inulin die nützlichen Bifidusbakterien im Darm fördert, werden Produkte, die den Naturstoff enthalten, häufig als »prebiotisch« beworben. Der größte Vorteil des geschmacksneutralen Ballaststoffs: Inulin verschwindet bequem und spurlos in vielen Speisen, in kalten und heißen Gerichten und passt sich damit den persönlichen Essgewohnheiten perfekt an.

Deutliche Gesundheitseffekte konnten Wissenschaftler schon ab ein bis zwei gehäuften Teelöffeln Inulin (etwa vier bis acht Gramm) pro Tag beobachten. Wer zu Blähungen neigt, steigert die Menge ganz allmählich. Am ersten Tag nur etwa drei Löffelspitzen Inulin in die Hauptmahlzeiten mischen. Die Menge täglich in kleinen Schritten steigern. So entwickelt sich die Darmflora auf natürliche Weise und der Körper gewöhnt sich an eine stetige Ballaststoffzufuhr. 1999 konnten Forscher an der Universität von Reading in England an 58 Teilnehmern zeigen, dass die langfristige Einnahme von zehn Gramm Inulin täglich, die Serumtriglyzeride (Blutfette) um durchschnittlich 19 Prozent senkt. Der günstige Effekt blieb übrigens noch Wochen nach Ende des Versuchs sichtbar. Inulin senkt also die Plasmalipide (so heißt der Laborwert) und reguliert die Fettproduktion in der Leber.

Inulin wirkt günstig auf die Serumtriglyceride (Blutfette) und ernährt nützliche Bakterien in der Darmflora. Das Gute an dem weißen Pulver: Es verschwindet spurlos in Flüssigkeiten und Gerichten, der nützliche Ballaststoff ist dann nicht mehr herauszuschmecken.

Kakao

Herzspezialisten sind davon überzeugt, dass die Inhaltsstoffe des Kakaos bei regelmäßigem Konsum helfen, das Gefäßsystem vor Schäden zu schützen.

Weil allen diabetischen Erkrankungen Zellschäden zugrunde liegen, ist es besonders wichtig, beim Essen möglichst viele Lebensmittel auszuwählen, die reich an zellschützenden Antioxidanzien sind. Kakao ist dabei eine besonders gute Wahl, denn das aromatische braune Pulver enthält beeindruckend viele antioxidative (zellschützende) Substanzen. Experten haben über 300 gefunden, darunter anregende Stoffe wie Theobromin und Koffein, Phenylethylamin, das auch gegen Depression (und Liebeskummer) helfen soll, sowie Theophyllin, das Kreislauf und Nerven stimuliert. Koreanische Wissenschaftler verglichen die Inhaltstoffe und die Wirkungsweise von Kakao mit anderen, als sehr gesund bekannten Getränken. Zu ihrer Verblüffung konnte der Kakao im Vergleich zu schwarzem und grünem Tee sowie Rotwein in puncto Gesundheitsnutzen locker mithalten. Herzspezialisten sind überzeugt, dass die Inhaltsstoffe das Gefäßsystem vor Schäden schützen können. So verbessert regelmäßiger Kakaogenuss die Fließfähigkeit des Bluts und senkt damit das Risiko, einen Herzinfarkt zu erleiden. Polyphenole geben dem Kakao die Farbe und prägen seinen angenehmen Geschmack. Sie sind es aber auch, die – ähnlich wie Rotwein und grüner Tee – das Cholesterin (LDL) vor Oxidation bewahren – und Schäden in der Innenwand der Arterien abwehren. So genannte Flavonoide, die sich ebenfalls in großer Menge in der Kakaobohne finden, entspannen die Gefäßwände und verhindern Herzschäden. Auch griechische Herzspezialisten stellten fest, dass Kakao hilft, oxidativen Stress in den Zellen zu mildern und die Funktion des Endothels, einer für die Herzgesundheit wichtigen Zellschicht an der inneren Oberfläche der Blutgefäße, zu verbessern. Nützliche Eigenschaften wie diese, werden oft der Schokolade zugeschrieben. Dabei stammen die Stoffe aus dem Kakaoanteil.

Leinsamen

Das in Leinsamen enthaltene Fett (Leinöl) besteht zu 22 Prozent aus Alpha-Linolensäure, einer wertvollen Fettsäure, die für den reibungslosen Ablauf des Fettstoffwechsels von zentraler Bedeutung ist. Leinsamen liefert außerdem mit 200 Milligramm pro 100 Gramm viel Knochen stärkendes Kalzium.

Mit das Beste am Leinsamen sind seine unverdaulichen Bestandteile. Knapp 40 Prozent der braunen Samenkörner zählen zum Ballast, etwa ein Drittel davon sind lösliche Ballaststoffe (Quell- und Schleimstoffe), deren Wirkung in der Volksmedizin bereits seit Jahrhunderten bekannt ist. Rundliche Diabetiker tun gut daran, täglich einen Löffel gemahlenen Leinsamen ins Essen zu mischen, weil die unscheinbaren Körner helfen, leichter satt zu werden und es länger zu bleiben. Gleichzeitig senken sie das Gesamtcholesterin und das »schlechte« Cholesterin. Auch die enthaltenen Pflanzenhormone (Lignane) sorgen für Wohlbefinden. Sie wirken zwar nur etwa ein Hundertstel bis ein Tausendstel so stark wie die vom Körper selbst hergestellten Botenstoffe, doch sie unterstützen den Organismus dabei, den Hormonhaushalt auf natürliche Weise zu regulieren. Als Antioxidanzien helfen sie, die Zellen des Körpers vor den Angriffen freier Sauerstoffradikale zu schützen.

Die normale, im Handel erhältliche Milch ist Kuhmilch, die Milch anderer Tiere muss entsprechend gekennzeichnet sein. Doch für alle gilt: Milch enthält Eiweiß von hoher biologischer Wertigkeit.

Milchprodukte

Kalzium, hochwertiges Eiweiß und fettlösliche Vitamine, das sind die größten Pluspunkte der Milchprodukte. Der Nachteil für Diabetiker: Milchfett enthält viele gesättigte Fettsäuren, die Diabetikern schaden können. Und natürlich machen kalorienreiche Schlemmermahlzeiten mit Schlagsahne und 70-prozentigem Käse das Abnehmen nicht gerade leicht, so weit sind sich die Forscher einig. Heilpraktiker lehnen Milchprodukte oft aus Gründen ab, die mehr mit ihrem persönlichen Glauben als mit fundiertem Wissen zu tun haben. So heißt es oft, Milch sei nur für Kinder geeignet, Erwachsenen dagegen schade sie und führe zu »innerer Verschleimung«. Im Gegensatz zu solchen extremen und vollkommen abwegigen Behauptungen, halten die meisten Diabetesexperten Milchprodukte für einen nützlichen Bestandteil eines abwechslungsreichen Speisezettels.

Doch seit Bevölkerungsstudien gezeigt haben, dass Menschen, die reichlich Milch trinken oder Jogurt und Käse essen, schlanker sind als andere, überlegen Forscher, was hinter diesem Phänomen stecken könnte. Michael Zemel, Professor für Ernährung und Medizin an der Universität Tennessee, glaubt, dass Milchprodukte den Energieverbrauch beeinflussen und im Fettgewebe den »Schalter« von »Vorrat« auf »Verbrauch in den Muskeln« umlegen können. Nach seinen Untersuchungen wird durch eine Ernährungsweise mit Milch achtmal so viel Fett in den Muskeln umgesetzt wie bei milchfreiem Essen. Er ist überzeugt, dass es vor allem das Kalzium der Milch ist, das hilft, das Körpergewicht zu regulieren.

Noch sind sich die Experten nicht einig, ob Milch wirklich schlank macht. Doch kein ernst zu nehmender Wissenschaftler zweifelt daran, dass Milchprodukte einen wichtigen Beitrag zu einer ausgewogenen Ernährung leisten. Wer fettes Fleisch durch mageren Quark ersetzt, macht ohnehin keinen Fehler!

Nüsse

Der Mediziner Rui Jiang von der Harvard School of Public Health in Boston stellte fest, dass 140 Gramm Nüsse pro Woche ausreichen, um das Diabetesrisiko um beeindruckende 27 Prozent zu reduzieren, selbst wenn Diabetesrisikofaktoren vorhanden waren. Die Experten nehmen als Grund für diese positiven Effekte an, dass ungesättigte Fettsäuren aus den Nüssen die Blutzuckerregulation und die Verwertung von Insulin verbessern.

Bis vor kurzem warnten Diätexperten Diabetiker vor dem Verzehr von Nüssen wegen ihres hohen Kaloriengehalts. Heute empfehlen sie, fettreiche Lebensmittel wie etwa Wurst und Knabberartikel durch Nüsse zu ersetzen. Denn Nüsse sind gut gegen Heißhunger. Weil sie nachhaltig sättigen, so dass auf Dauer der Kalorienbedarf sinkt, empfehlen Wissenschaftler heute, ab und zu ein paar Nüsschen oder Mandeln in den Mund zu stecken. Bei der nächsten Mahlzeit isst man dann automatisch etwas weniger.

Walnüsse, Haselnüsse, Mandeln & Co. liefern hochwertiges Eiweiß, gesundes Fett und viel Vitamin E, das die Zellen schützt. Ihr Reichtum an Mineralstoffen ist legendär: Haselnüsse beispielsweise enthalten fast doppelt so viel Kalzium wie die als besonders kalziumreich bekannte Milch, eine dicke Portion Magnesium, reichlich Zink, Fluor und Selen. Vegetarier können mit einer Hand voll Nusskernen die Qualität des Proteins in Hülsenfrucht- und Gemüsegerichten verbessern.

Resistente Stärke

Sie sieht aus wie gewöhnliche Speisestärke, schmeckt auch so und verhält sich beim Kochen und Backen sehr ähnlich. Ungewöhnlich ist nur, dass sie sich – wie der Name schon andeutet – den Verdauungssäften des Dünndarms widersetzt. Wer den Gehalt an resistenter Stärke in der gewohnten Nahrung erhöhen möchte, kocht öfter einmal die doppelte Menge Kartoffeln, Nudeln oder Getreide und wärmt sie am nächsten Tag wieder auf. Denn ein Teil der ganz normalen Stärke verwandelt sich durch Erhitzen und wieder Abkühlen in resistente Stärke. Zum Backen und Kochen kann man resistente Stärke auch pur als weißes Pulver verwenden. Bisher ist sie jedoch nur im Versandhandel zu beziehen (Adresse → Seite 124).

Etwa die Hälfte dieser Spezialstärke bleibt unverdaut und wandert unverändert bis in den Dickdarm, wo sie sich als »Futter« für die förderlichen Bakterien der Darmflora nützlich macht, also »probiotisch« wirkt. Das beeinflusst nicht nur das Kalorienkonto günstig, Experten halten den Anteil der Stärke, die unsere Verdauungssäfte nicht kleinkriegen, als »Geheimwaffe« gegen Übergewicht und übermäßigen Appetit und damit auch gegen die Auslöser von Diabetes.

Roggenvollkornbrot

Keine andere Brotsorte sättigt nachhaltiger und keine belastet den Blutzuckerspiegel weniger. Das liegt vor allem am enthaltenen Sauerteig und an der üppigen Menge Ballaststoffe, die dafür sorgen, dass die Nährstoffe nur langsam ins Blut gehen. Außerdem liefert Roggenvollkornbrot, das mit Natursauerteig gebacken wurde, reichlich Vitamine der B-Gruppe und Mineralstoffe. Beispielsweise sind in zwei

Scheiben Roggenvollkornbrot schon etwa 125 Milligramm Kalzium enthalten, etwa ein Achtel des Tagesbedarfs. Rückstände von Pflanzenschutzmitteln müssen wir im Brotgetreide nicht fürchten, bei einer großen Untersuchung in Ost- und Westdeutschland lagen 99,5 Prozent aller Proben unter den Richtwerten des Gesetzgebers, dabei waren 90 Prozent der Proben in den alten und über 70 Prozent der Proben in den neuen Bundesländern frei von Rückständen. Ein ähnlich gutes Bild ergab sich bei der Untersuchung auf Schwermetall-Rückstände.

Nur frisch gebackenes Roggenbrot ist schwer verdaulich. Lässt man es ein bis zwei Tage liegen und kaut es gut, kommen auch empfindliche Mägen mit der herzhaften Brotsorte gut zurecht. Wichtig beim Einkauf: Nur Natursauerteig-Roggenbrote besitzen einen niedrigen glykämischen Index.

Sojaprodukte

Soja liegt im Trend, ob nun als Tofu, als Soja-Drink oder Soja-Würstchen, die eiweißreiche Hülsenfrucht, die in Asien als Grundnahrungsmittel dient, wird auch hierzulande immer häufiger gegessen. Von allen Hülsenfrüchten besitzt Soja mit 35 bis 40 Prozent den höchsten Gehalt an Nahrungseiweiß. Je nach Verarbeitung kann der Anteil in Sojamehl sogar auf 50 Prozent steigen. Experten schätzen das Protein (Nahrungseiweiß) der Sojabohne als biologisch besonders hochwertig. Es enthält alle essentiellen Aminosäuren – also die Eiweißbausteine, die der Mensch selbst nicht bilden kann – und würde damit auch als alleinige Eiweißquelle für die menschliche Ernährung ausreichen. Soja liefert außerdem viele Vitamine, Mineralstoffe und Spurenelemente sowie 20 Prozent Ballaststoffe. Das Öl der Bohne ist reich an mehrfach ungesättigten Fettsäuren.

Europäische Diabetologen warnen vor allzu reichlichen Portionen von Protein aus Fleisch oder Milchprodukten, um die bei langjährigen Diabetikern häufig bereits angegriffenen Nieren zu schonen. Eine neue Studie aus den USA deutet jetzt darauf hin, dass das pflanzliche Sojaeiweiß besser vertragen wird. Jedenfalls wurden weniger unerwünschte Eiweißbestandteile im Urin ausgeschieden und gleichzeitig stieg der Wert des positiven HDL-Cholesterins an.

Soja ist kein Wundermittel, aber eine gute Ergänzung, wenn man beim Kochen weniger Fleisch und Wurst einplanen möchte.

Süßungsmittel

Selbst ernannte Experten behaupten seit Jahren hartnäckig, man würde dick statt schlank, wenn man auf Süßstoff umsteigt. Angesehene Wissenschaftler untersuchten diesen Vorwurf. Das Resultat ist eindeutig: Die Kritik ist aus der Luft gegriffen und entbehrt jeder wissenschaftlichen Grundlage, ebenso wie der Hinweis, künstliche Süßstoffe würden den Appetit steigern. Untersuchungen deuten vielmehr darauf hin, dass Menschen, die regelmäßig Süßstoffe verwenden, insgesamt weniger Gewichtsprobleme haben. Süßstoffe sind also für übergewichtige Diabetiker durchaus hilfreich. Normalgewichtige Menschen mit Diabetes können auf künstliche Süßungsmittel verzichten und weiterhin in Maßen Zucker essen, solange bei regelmäßiger Kontrolle der Blutzuckerspiegel nicht ansteigt.

Wer Süßes liebt und gern abnehmen möchte, kann also zu Süßstoffen und kalorienarmen Süßungsmitteln greifen, um ein Übermaß an Zuckerkalorien und damit ein Hochschnellen des Blutzuckers zu vermeiden. Inzwischen gibt es viele Lebensmittel, die mit Mischungen aus Süßstoff, Kristallzucker und Zuckeraustauschstoffen verarbeitet werden und geschmacklich angenehmer sind, als die rein synthetische Süße. Experten stufen alle zugelassenen Süßstoffe als unbedenklich ein. Die Klassiker Saccharin und Zyklamat werden heute oft durch Acesulfam K und Aspartam ersetzt, die als besonders wohlschmeckend und harmlos gelten.

In Deutschland werden jährlich rund vier Millionen Tonnen Zucker erzeugt. Der Pro-Kopf-Verbrauch liegt bei 34,6 Kilogramm. Wer nur die Hälfte dieser Menge durch Süßstoff ersetzt, schafft sich ein dickes Guthaben auf dem Kalorienkonto.

ZUCKER MEIDEN?

Sollte man nun auf Zucker ganz verzichten – oder nicht? Zucker ist im Rahmen einer gesunden Ernährungsweise für Diabetiker zwar nicht verboten, aber auch nicht gerade ein günstiges Lebensmittel, weil er nur Kalorien liefert und keine wichtigen Nährstoffe. Das gilt übrigens gleichermaßen für alle Zuckersorten, für Haushaltszucker, Fruchtzucker und Diabetikerzucker. Also: Die süßen Kristalle lieber nur in kleinen Mengen essen und – um Blutzuckerspitzen zu verhindern – nur im Rahmen einer ausgewogenen Mahlzeit.

Produkte, die mit Zuckeraustauschstoffen wie Fruktose oder Sorbit hergestellt werden, haben ihre einstige Bedeutung in der Diabetikerkost verloren, weil sie sich – werden sie in großen Mengen gegessen – ungünstig auf den Fettstoffwechsel (erhöhte Triglyzeride) auswirken. Für Diabetiker, die gern abnehmen möchten, sind kalorienfreie Süßstoffe deshalb günstiger. Dies gilt vor allem für Getränke, mit denen man sonst bei größeren Trinkmengen schnell auf sehr viele Kohlenhydrate kommt.

Eine weitere Möglichkeit, mit Süßstoff Energie bzw. Kalorien zu sparen: Schmecken Sie Süßspeisen zuerst mit Süßstoff ab und würzen Sie dann mit etwas Zucker nach. So kommen Zunge und Stoffwechsel gleichermaßen auf ihre Kosten.

Wer seinen Heißhunger auf Süßes allein mit Süßstoff stillen möchte, wird jedoch enttäuscht. Das Verlangen lässt sich mit dem zuckerähnlichen Geschmack auf der Zunge nicht befriedigen, da muss schon echter Zucker oder etwas Stärkehaltiges her. Kombinieren Sie am besten stärkehaltige und ballaststoffreiche Lebensmittel mit Süßstoff. Beispiel: Süßen Sie ein zuckerfreies Müsli (→ Seite 27) mit Süßstoff, das befriedigt die Zunge und den Körper. Denn die Stärke aus dem Getreide wird nach und nach in Zucker zerlegt und geht langsam und kontinuierlich ins Blut über. So bleibt Ihr Kohlenhydrathunger für längere Zeit gestillt.

In Deutschland und der Europäischen Union zugelassen sind jetzt folgende Süßstoffe (die so genannten E-Nummern, die man oft in der Zutatenliste von Fertigprodukten findet, stehen in Klammern):

- Acesulfam K (E 950)
- Aspartam (E 951)
- Zyklamat (E 952)
- Saccharin (E 954)
- Thaumatin (E 957)
- Neohesperidin (E 959)

Zimt

Im Dezember 2003 veröffentlichte die anerkannte Fachzeitschrift »Diabetes Care« eine Studie, die große Beachtung fand. Eine Gruppe von Ärzten in Pakistan stellte fest, dass sich regelmäßiges Würzen mit Zimt günstig auf den Zuckerstoffwechsel auswirkt. Die pakistanischen Forscher untersuchten insgesamt 60 Personen mit Typ-2-Diabetes. Dabei ergänzten sie deren Mahlzeiten mit einem, drei oder sechs Gramm Zimt pro Tag. Eine Kontrollgruppe bekam ein wirkungsloses Pulver. Nach 20 bzw. 40 Tagen Einnahme und zusätzlich 20 Tage nach Absetzen des Zimts untersuchten die Forscher ihre Patienten. Die Resultate waren beeindruckend: Bereits nach 20 Tagen und um so mehr nach 40 Tagen, sank der Glukosespiegel der Zimt-Patienten, außerdem das gesamte und das LDL-Cholesterin sowie die Triglyceride (Blutfette). Diese günstigen Effekte waren auch 20 Tage nach Absetzen des Zimts noch zu messen. Mit drei und sechs Gramm Zimt ließen sich dabei keine besseren Resultate erzielen als mit einem Gramm des braunen Pulvers. Nebenwirkungen sahen die Ärzte nicht. Warum Zimt so günstig auf den Diabetes wirkt, weiß man bisher noch nicht genau. Natürlich ersetzt Zimt keine Insulintherapie, aber wer das kräftige Gewürz mag, sollte es ruhig öfter verwenden und vielleicht abends ab und zu einen ayurvedischen Gewürztee mit viel Zimt trinken.

Nicht nur alljährlich zu Weihnachten: Zimt ist ein gesundes Gewürz, das gerade Diabetiker ruhig öfter zu sich nehmen sollten.

VOLLWERT GEGEN DEN GROSSEN HUNGER

- Sie sind auf dem richtigen Weg, wenn Sie mindestens dreimal pro Woche ein Vollkorngericht wie etwa Buchweizen, Dinkel oder Hafer essen.
- Fragen Sie beim Brotkauf ausdrücklich nach Vollkornbrot. Geben Sie sich nicht mit Fantasienamen zufrieden. Bezeichnungen wie »Holzfällerbrot« oder »Körnerbrot« sagen nichts über die Qualität. Fragen Sie nach Getreidesorten, Mehlanteilen und Sauerteig. Falls die Verkäuferin darüber keine Auskunft geben kann, wechseln Sie den Bäcker. Die besten Vollkornbrote kauft man heutzutage beim Biobäcker. Billiger wird es, wenn man selbst bäckt (Rezepte → Seite 42–43).
- Bauen Sie mindestens dreimal pro Woche Hülsenfrüchte wie etwa Bohnen, Linsen, Kichererbsen oder Erbsen in Ihren Speiseplan ein. Geben Sie möglichst oft einige Löffel voll davon in Salate, in Suppen, Nudelsaucen und Eintöpfe.
- Bereiten Sie sich öfter mal einen ballaststoffreichen Drink aus frischen Früchten, Buttermilch oder fettarmem Jogurt und Inulin oder gemahlenem Leinsamen zu. Das gelingt innerhalb von wenigen Sekunden in einem guten Mixer oder mit einem Schneidstab.
- Trinken Sie etwa alle zwei Stunden ein Glas Wasser oder eine Tasse Kräutertee. Nur wenn genügend Flüssigkeit vorhanden ist, quellen die Ballaststoffe gut auf, stoppen übermäßigen Appetit und regen die Verdauung an.

Bleiben Sie am Ball, auch wenn es manchmal schwer fällt. Es ist nicht leicht, sein Essverhalten umzustellen. Lassen Sie sich Zeit, und seien Sie nicht zu streng mit sich. An jedem Tag, an dem Ihnen ein bisschen mehr Disziplin gelungen ist, können Sie stolz auf sich sein. Kleine Ausrutscher dürfen passieren und gehören zu jedem Lernprozess dazu!

Die Basics

Es sind die einfachen, preiswerten Grundrezepte für jeden Tag, die die Haushaltskasse schonen und – mit vielen gesunden Abwandlungen – das Kochen zum echten Vergnügen machen. Die Auswahl zeigt, dass diabetesgerechte Rezepte weder teuer noch exotisch sein müssen. In diesem Kapitel finden Sie cremige Saucen, saftige Gemüse- und Getreiderezepte, fettfreie Salatdressings, herzhafte Brotrezepte für den Brotbackautomaten und diabetesgerechte, leckere Kuchen. Wenn Sie gern ohne viel Aufwand Abwechslung in die gesunde Küche bringen möchten, finden Sie hier neue Anregungen und jede Menge Variationsmöglichkeiten.

Zimtmüsli

Zutaten

Für 20 Portionen

- 50 g Sonnenblumenkerne
- 500 g kernige Haferflocken
- 200 g Hafer- oder Weizenkleie
- 100 g Leinsamen
- 100 g Rosinen oder klein geschnittene Trockenfrüchte (z. B. Aprikosen)
- 50 g resistente Stärke
- 50 g Molkepulver
- 1 EL gemahlener Zimt

1 Die Sonnenblumenkerne mit einem scharfen Messer oder in der Küchenmaschine grob hacken und mit den anderen Zutaten in einer Schüssel mischen.

2 Das Müsli in einer gut schließenden Dose oder in Gefrierbeuteln aufbewahren. Kühl und dunkel lagern, damit die Nährstoffe erhalten bleiben.

Pro Portion 7 g E • 5 g F • 26 g KH • 177 kcal • 743 kJ • 9 g Ballaststoffe • 2 BE

Frischkornmüsli

Zutaten

Für 1 Portion

- 50 g Weizenkörner
- 20 g Haferflocken
- 1 Apfel
- 1 TL Zitronensaft
- 1 EL gehackte Mandeln
- 1 Becher fettarmer Naturjogurt (150 g)
- Flüssiger Süßstoff

1 Weizenkörner in einer Kornmühle oder im Blitzhacker grob zerkleinern. Mit 5 Esslöffeln Wasser mischen und über Nacht zum Quellen kalt stellen. Am Morgen die Haferflocken zufügen.

2 Den Apfel waschen und ungeschält grob raspeln. Mit Zitronensaft verrühren und mit den Mandeln zur Getreidemischung geben. Jogurt zufügen, mit flüssigem Süßstoff abschmecken.

Pro Portion 16 g E • 11 g F • 70 g KH • 450 kcal • 1881 kJ • 10 g Ballaststoffe • 5,5 BE

Quarkcreme

Zutaten

Für 4 Portionen

- 250 g Buttermilch- oder Magerquark
- 50 g Sauerrahm (15 % Fett; z. B. Crème légère)
- 1 TL Inulin
- 3–4 EL fettarme Milch

1 Quark mit Sauerrahm und Inulin mischen und mit der Milch cremig rühren.

2 Je nach Geschmack herzhaft (mit Kräutern, gehackten Radieschen, Kümmel, Salz) oder süß (mit Vanillearoma, Zimt, Rosinen, gehackten Nüssen, Süßstoff) würzen und auf Vollkornbrot oder -brötchen streichen.

Pro Portion 9 g E • 2 g F • 4 g KH • 73 kcal • 306 kJ • 1 g Ballaststoffe • 0,5 BE

INSULINTHERAPIE

Die Nährwerte der Rezepte dieses Buches wurden sorgfältig berechnet. Bei jedem Rezept finden Sie Angaben zum Gesamtgehalt an Kohlenhydraten. BE, also Brot- oder Berechnungseinheiten beziehen sich nur auf Blutzucker erhöhende Kohlenhydrate. Gemüse, Salate und Nüsse wurden deshalb bei den BE-Angaben nicht mit berechnet. Der Kohlenhydratgehalt von Hülsenfrüchten wurde zur Hälfte mit in die BE-Angabe eingerechnet.

Kräuterrührei auf Brot

Zutaten

Für 1 Portion

1 Ei
1/2 Bund gehackte Kräuter (z. B. Schnittlauch, Petersilie, Kresse, Kerbel)
2 EL fettarme Milch
Salz, Pfeffer
1 Tomate
1 Scheibe Vollkornbrot
1/2 TL Rapsöl
2 EL Maiskörner (aus der Dose)
2 EL Sprossen (Alfalfa-, Rettich- oder Linsensprossen)

1 Das Ei mit Kräutern, Milch und etwas Salz und Pfeffer verquirlen.

2 Die Tomate in dünne Scheiben schneiden und auf das Brot legen.

3 Öl in einer kleinen beschichteten Pfanne erhitzen, Maiskörner und verquirltes Ei in die Pfanne geben und mit einem Holzspatel ab und zu zusammenschieben, bis das Rührei gestockt ist.

4 Rührei auf den Tomatenscheiben verteilen und die Sprossen und ein wenig Kresse dekorativ darüber streuen.

Pro Portion 15 g E • 11 g F • 29 g KH • 284 kcal • 1190 kJ • 7 g Ballaststoffe • 2 BE

Dieses üppig belegte Brot bietet einen nährstoffreichen Start in den Tag. Weil ein Ei allein schon sieben Gramm Fett enthält, ersetzen saftige Tomaten das Streichfett.

Fleischbrühe

1 Die Zwiebeln nicht abziehen, halbieren, in einer beschichteten Pfanne ohne Fett auf die Schnittstelle legen und anbräunen.
2 Das Gemüse putzen und grob würfeln. Fleisch, Gemüse, Zwiebelhälften, Petersilienstängel und Gewürze mit 3 Liter kaltem Wasser in einem großen Topf zum Kochen bringen. Ohne Deckel etwa 2–3 Stunden leicht köcheln. Nur bei Bedarf salzen.
3 Die Brühe durch ein Sieb gießen und entfetten. Dafür die Brühe entweder mit einem Fettabscheidekännchen in einen anderen Topf gießen, oder die Brühe ganz erkalten lassen und die erhärtete Fettschicht abheben.

Tipp Vor allem Diabetiker, die unter Bluthochdruck leiden, sollten sich eine salzarme Brühe auf Vorrat kochen, denn Instantbrühepulver besteht zum größten Teil aus Salz.
Nach diesem Rezept kann man natürlich auch Hühnerbrühe (Kochzeit 1 Stunde), Fischfond (Kochzeit 15 Minuten) oder Gemüsebrühe (Kochzeit 30 Minuten) zubereiten.

Zutaten

Für 2,5 l Brühe

2 Zwiebeln
1 Bund Suppengrün (am besten mit 1 Petersilienwurzel)
750 g Rindfleisch zum Kochen (z. B. Bein, Brust)
Einige Petersilienstängel (die Blättchen anderweitig verwenden)
1 Lorbeerblatt
10 Pfefferkörner
Salz nach Bedarf

Pro 1/4 Liter 1 g E • 0 g F • 1 g KH • 8 kcal • 32 kJ • 0 g Ballaststoffe • 0 BE

Helle Sauce für alle Fälle

1 Das Öl in einem Topf erhitzen, Vollkornmehl mit einem Schneebesen unterrühren und etwas anschwitzen lassen.
2 Die Milch auf einmal zugießen und unter ständigem Rühren erhitzen, so dass sich keine Klümpchen bilden und die Sauce schön bindet. Dann die Brühe zugießen und wieder aufkochen lassen, dabei ständig rühren.
3 Die Sauce etwa 10 Minuten offen bei mittlerer Hitze kochen lassen, ab und zu umrühren. Danach mit wenig Salz und Pfeffer würzen.

Tipp Diese Sauce ist unendlich wandelbar. Mit 1–2 Esslöffeln Senf gerät sie zur Senfsauce, mit 1 Esslöffel Currypulver zur Currysauce. 1 Hand voll gehackte Kräuter, 1 Schuss trockener Wein oder Wermut, 1 Esslöffel Tomatenmark, 1 Gläschen Kapern, etwas abgeriebene Zitronenschale oder 1 kräftige Prise Muskat geben der Sauce immer wieder einen neuen Charakter. Nimmt man statt 300 Milliliter Brühe nur etwa 200 Milliliter, gerät sie etwas dicker und eignet sich gut zum Überbacken von Fisch und Gemüse.

Zutaten

Für 1/2 l Sauce (4–6 Portionen)

2 EL Rapsöl
30 g Weizenvollkornmehl
200 ml fettarme Milch
300 ml Fleisch- oder Gemüsebrühe (selbst gekocht oder instant)
Salz, Pfeffer

Pro Portion (bei 6 Port.) 2 g E • 4 g F • 5 g KH • 62 kcal • 262 kJ • 1 g Ballaststoffe • 0,5 BE

Buttermilch-Kerbel-Sauce

Zutaten

Für 4 Portionen

4 EL Gemüsebrühe (selbst gekocht oder instant)
4 EL Sahne
Salz, Pfeffer
1 TL Zitronensaft
1 Bund Kerbel
1/4 l Buttermilch

1 Brühe und Sahne aufkochen und mit Salz, Pfeffer und Zitronensaft würzen. Den gehackten Kerbel zufügen.
2 Buttermilch zugeben und die Sauce erhitzen. Achtung: Nicht mehr kochen lassen, sonst gerinnt sie.
3 Mit dem Schneidstab schaumig aufschlagen und die Sauce sofort servieren.

Tipp Diese ultraleichte Sauce passt zu Getreide, Gemüse, Eiern und gedünstetem Fisch.

Pro Portion 3 g E • 3 g F • 3 g KH • 56 kcal • 232 kJ • 0 g Ballaststoffe • 0 BE

Paprikasauce

Zutaten

Für 4 Portionen

3 rote Paprikaschoten
1 Zwiebel
2 TL Rapsöl
100 ml Gemüsebrühe (selbst gekocht oder instant)
4 EL Schnittlauchröllchen
Salz, Pfeffer

1 Paprikaschoten putzen, mit dem Sparschäler schälen und klein schneiden. Zwiebel abziehen und fein würfeln.
2 Das Öl in einem Topf erhitzen, Paprika- und Zwiebelstückchen darin 3 Minuten dünsten. Mit Brühe auffüllen und zugedeckt 10 Minuten bei mittlerer Hitze garen.
3 Die Sauce mit dem Schneidstab pürieren. Schnittlauch zugeben und mit Salz und Pfeffer abschmecken.

Tipp Die Bindung dieser gesunden Sauce zu Getreide, Geflügel und Fisch entsteht allein durch püriertes Gemüse. An Stelle von Paprika kann man auch Kohlrabi, Brokkoli, Möhren oder Suppengrün verwenden. Soll sie samtig und fein geraten, das Gemüse nach dem Pürieren durch ein Sieb streichen. Zur Abwechslung kann man die Sauce mit Thymian, Oregano oder tiefgekühlten italienischen Kräutern würzen.

Pro Portion 2 g E • 2 g F • 4 g KH • 40 kcal • 166 kJ • 4 g Ballaststoffe • 0 BE

ROH ODER GEKOCHT?

Auch wenn Gemüse prinzipiell unserem Organismus immer gut tut und den Körper mit vielen wichtigen Nährstoffen versorgt, so macht es für den Stoffwechsel durchaus einen Unterschied, ob Gemüse als Rohkost oder fein zerkleinert und gekocht auf den Tisch kommt. Um grob geraspelte Rohkost zu zerlegen, benötigen die Verdauungssäfte viel mehr Zeit, als wenn gekochtes, fein zerkleinertes Gemüse auf dem Teller liegt. Der Grund: Die Zellstruktur rohen Gemüses wirkt wie eine Barriere - und die Nährstoffe gelangen nur sehr langsam in die Blutbahn. So bleibt der Blutzuckerspiegel für längere Zeit stabil.

Wirsinggemüse

Zutaten

Für 4 Portionen

1 Wirsingkohl (1,5 kg)
Salz
50 g fettarmer Frischkäse
200 ml Brühe (selbst gekocht oder instant)
1 TL Weizenvollkornmehl
Pfeffer

1 Wirsing putzen, waschen und in grobe Streifen oder Rauten schneiden. In kochendes Salzwasser geben, einmal aufkochen, in ein Sieb geben und damit in eiskaltes Wasser tauchen. Abtropfen lassen und leicht ausdrücken.
2 Frischkäse und Brühe mit dem Mehl verquirlen und zusammen mit dem Wirsing in einen Topf geben. Gemüse 5 Minuten zugedeckt bei mittlerer Hitze schmoren. Mit Salz und Pfeffer würzen.

Tipp Nach diesem Rezept geraten auch andere Sorten Gemüse, wie beispielsweise Spitzkohl, Chinakohl, Mangold, Frühlingszwiebeln und Porree. Wenn Sie das Wirsinggemüse als vegetarisches Hauptgericht servieren, reichen Sie eine doppelte Portion Gemüse mit Buchweizen (→ Seite 37) oder Hirse dazu und bestreuen das Ganze eventuell mit Sonnenblumenkernen oder gehackten Walnüssen.

Pro Portion 8 g E • 1 g F • 6 g KH • 70 kcal • 288 kJ • 5 g Ballaststoffe • 0 BE

Möhrengemüse

Zutaten

Für 4 Portionen

1,2 kg Möhren
3 Zwiebeln
1 EL Rapsöl
1 TL abgeriebene Zitronenschale
Salz, Pfeffer
1/8 l Brühe
1 Kästchen Kresse

1 Möhren schälen, waschen und in dünne Scheiben schneiden. Zwiebeln abziehen und würfeln.
2 Öl in einem Topf erhitzen, Zwiebelwürfel darin andünsten. Möhrenscheiben und Zitronenschale dazugeben. Zugedeckt bei mittlerer Hitze 5 Minuten dünsten.
3 Sparsam salzen und pfeffern, Brühe zugießen. Das Gemüse zugedeckt weitere 10–15 Minuten bei mittlerer Hitze dünsten. Mit Kresse bestreut servieren.

Tipp Nach diesem Rezept können Sie auch Kohlrabi, Blumenkohl, Brokkoli, Sellerie, Staudensellerie, Kürbis, grüne Bohnen, Steckrübe, Zucchini, Paprika und Fenchel kochen. Wichtig ist dabei, die richtige Garzeit abzupassen. Je knackiger das Gemüse bleibt, desto weniger wichtige Inhaltsstoffe gehen verloren. Neben Kresse und der traditionellen Petersilie passen auch eine Reihe anderer Kräuter. Besonders raffiniert: Zitronenmelisse, Liebstöckel und Bohnenkraut.

Pro Portion 2 g E • 3 g F • 11 g KH • 82 kcal • 344 kJ • 8 g Ballaststoffe • 0 BE

Kohlrabigemüse mit Jogurt

Zutaten

Für 4 Portionen

4–5 Kohlrabi
1 EL Rapsöl
150 ml Gemüsebrühe (selbst gekocht oder instant)
150 g fettarmer Naturjogurt
Salz, flüssiger Süßstoff, Pfeffer
3 EL gehackte Petersilie

1 Kohlrabi schälen und klein schneiden.
2 Öl in einem Topf erhitzen und das Gemüse darin andünsten, die Brühe zugeben und im geschlossenen Topf bei mittlerer Hitze 10 Minuten garen.
3 Jogurt zugeben, kurz erhitzen, aber nicht mehr kochen lassen. Mit Salz, wenig Süßstoff und Pfeffer abschmecken und mit Petersilie bestreut servieren.

Tipp Für ein vegetarisches Hauptgericht die doppelte Portion Kohlrabigemüse mit gekochtem Weizen oder 7-Korn-Reismischung (z.B. Uncle Ben's) servieren. Das Rezept ist auch für andere Gemüsearten geeignet, beispielsweise Blumenkohl, Brokkoli, Romanesco, Fenchel, Porree, Zucchini und Zuckerschoten.

Pro Portion 4 g E • 3 g F • 7 g KH • 71 kcal • 298 kJ • 2 g Ballaststoffe • 0 BE

Dicke-Bohnen-Apfel-Gemüse

Zutaten

Für 4 Portionen

125 g kleine Zwiebeln
1 Apfel
1 EL Rapsöl
1 TL Weizenmehl
50 ml Gemüsebrühe (selbst gekocht oder instant)
50 ml Apfelsaft
300 g Dicke Bohnen (Tiefkühlprodukt)
2 EL gehacktes Bohnenkraut
Salz, Pfeffer

1 Zwiebeln abziehen und vierteln, Apfel vierteln, das Kerngehäuse herausschneiden, Apfel in Scheiben schneiden.
2 Das Öl in einem Topf erhitzen und die Zwiebeln glasig dünsten. Mehl über die Zwiebeln stäuben und kurz anschwitzen. Mit Brühe und Apfelsaft ablöschen, Apfelscheiben, Dicke Bohnen und Bohnenkraut zugeben und zugedeckt 5–10 Minuten garen. Mit Salz und Pfeffer abschmecken.

Tipp Auch andere frische Kräuter wie Thymian, Rosmarin und Salbei passen sehr gut zu Dicken Bohnen. Wer sie frisch zubereiten möchte, kauft 1,2 Kilogramm Schoten; sie ergeben nach dem Auspulen etwa 300 Gramm Dicke Bohnen. Die Garzeit beträgt etwa 20 Minuten. Italiener wissen, was gut schmeckt. So sind Dicke Bohnen aus ihrer Küche nicht wegzudenken. Junge Bohnenkerne serviert man gern roh – wie andernorts Chips oder Nüsse – zum Wein. Das schmeckt nicht nur gut und spart Fettkalorien, es ist auch gesund. Denn Dicke Bohnen sind – ganz im Gegensatz zu grünen Bohnen – auch ungekocht gut bekömmlich. Der Grund: Sie sind botanisch gesehen keine Bohnen, sondern gehören zur Familie der Wicken.

Pro Portion 23 g E • 5 g F • 30 g KH • 258 kcal • 1082 kJ • 23 g Ballaststoffe • 1,5 BE

Bohnen-Tomaten-Gemüse

Zutaten

Für 4 Portionen

600 g grüne Bohnen
500 g Fleischtomaten
1 Zwiebel
2 Knoblauchzehen
1 EL Öl
1 TL getrockneter Thymian
Salz, Pfeffer
3 EL Brühe (selbst gekocht oder instant)

1 Die Bohnen waschen, putzen und schräg in 2 Zentimeter breite Stücke schneiden. Tomaten klein schneiden. Zwiebel und Knoblauchzehen abziehen und fein würfeln.

2 Das Öl in einem Topf erhitzen. Zwiebel- und Knoblauchwürfel darin glasig dünsten. Bohnenstücke, Tomatenwürfel und Thymian zufügen, mit Salz und Pfeffer würzen. Die Brühe dazugeben.

3 Das Gemüse im geschlossenen Topf 10–15 Minuten bei milder Hitze schmoren. Ab und zu umrühren.

Pro Portion 4 g E • 3 g F • 8 g KH • 77 kcal • 326 kJ • 5 g Ballaststoffe • 0 BE

Für dieses Sommergericht sollten Sie nach Möglichkeit Freilandprodukte kaufen. Je frischer die Ware ist, desto mehr Vitamine sind enthalten.

Kartoffel-Sellerie-Püree

Zutaten

Für 2 Portionen

400 Kartoffeln (am besten eine mehlig kochende Sorte)
350 g Knollensellerie
Salz
100 ml fettarme Milch
1 EL Rapsöl
2 EL Haferkleieflocken
1/8 l Gemüsebrühe (selbst gekocht oder instant)
Pfeffer, Muskatnuss
1/2 Bund gehackte Petersilie

1 Kartoffeln und Sellerie schälen und würfeln. In einem Topf mit Salzwasser 20 Minuten kochen, abgießen und ausdampfen lassen. Mit dem Kartoffelstampfer zerdrücken.
2 Milch, Öl und Kleieflocken mit dem Kartoffel-Sellerie-Mus verrühren. Nach und nach die Brühe unterrühren, bis das Püree die gewünschte Festigkeit hat. Mit Salz, Pfeffer und Muskat würzen und mit Petersilie bestreut servieren.

Tipp Pures Kartoffelpüree lässt den Blutzucker schnell ansteigen. In diesem Rezept bremsen Sellerie, Rapsöl und Haferkleieflocken die Wirkung ab. Das Gericht gelingt auch mit Möhren, Kohlrabi oder Kürbis. Andere Gemüsesorten wie etwa grüne Erbsen gart man extra und hebt sie am Schluss unter die Kartoffeln. Lecker ist auch Kartoffelpüree mit klein geschnittenen Artischockenböden aus der Dose.

Pro Portion 8 g E • 7 g F • 26 g KH • 198 kcal • 832 kJ • 12 g Ballaststoffe • 2 BE

Erbsenpüree

Zutaten

Für 4 Portionen

300 g Trockenerbsen
1 Zwiebel
1 Lorbeerblatt,
2 Gewürznelken
1/4 TL getrockneter Majoran
1/2 TL getrockneter Thymian
40 g Butter
1 Eigelb
Salz, Pfeffer aus der Mühle

1 Erbsen über Nacht in kaltem Wasser einweichen.
2 Die Zwiebel abziehen und das Lorbeerblatt mit den Nelken darauf feststecken. Abgetropfte Erbsen, Gewürzzwiebel, Majoran und Thymian in einen großen Topf geben. Mit kaltem Wasser bedecken, aufkochen lassen und 1 Stunde bei milder Hitze köcheln.
3 Die Erbsen abgießen, Gewürzzwiebel entfernen und Erbsen abtropfen lassen. Erbsen mit dem Schneidstab oder im Mixer fein pürieren. Kalte Butter stückchenweise einrühren und das Eigelb zufügen. Das Püree noch einmal leicht erwärmen, aber nicht mehr kochen lassen. Mit Salz und Pfeffer abschmecken.

Tipp Erbsenpüree ist eine feine, nachhaltig sättigende Beilage mit niedrigem glykämischen Index, die gut zu klassischen Fleisch- oder Wildgerichten schmeckt. Vegetarier essen sie zu Vollkornpfannkuchen und gebratenen Auberginen. Wer es gern deftig mag, richtet das Püree mit gerösteten Zwiebelringen an und isst Pellkartoffeln dazu.
Für Eilige: 600 Gramm tiefgekühlte Erbsen und 2 Kartoffeln in wenig Brühe garen, pürieren und mit 4 Esslöffeln Sahne und eventuell etwas Brühe cremig rühren. Mit Salz und Pfeffer abschmecken, mit Kresse oder Schnittlauchröllchen bestreuen.

Pro Portion 19 g E • 11 g F • 32 g KH • 308 kcal • 1291 kJ • 14 g Ballaststoffe • 1,5 BE

Bohnenpüree

Zutaten

Für 4 Portionen

1 große Dose weiße Bohnen (530 g Abtropfgewicht)
2 Zwiebeln
1 Knoblauchzehe
2 Äpfel
200 ml Gemüsebrühe
5 EL Sahne
Salz, Pfeffer
3–4 EL Schnittlauchröllchen

1 Bohnen in einem Sieb abspülen und abtropfen lassen. Zwiebeln und Knoblauchzehe abziehen und würfeln, die Äpfel waschen, mit Schale würfeln.
2 Bohnen, Apfel-, Zwiebel- und Knoblauchwürfel mit der Brühe aufkochen und 5 Minuten zugedeckt bei mittlerer Hitze garen.
3 4 Esslöffel Bohnen herausnehmen und beiseite stellen, den Rest pürieren. Mit Sahne und eventuell noch etwas Brühe cremig rühren. Mit Salz und Pfeffer würzen.
4 Das Püree mit den beiseite gestellten Bohnen und den Schnittlauchröllchen dekorativ bestreuen.

Pro Portion 8 g E • 5 g F • 23 g KH • 168 kcal • 702 kJ • 7 g Ballaststoffe • 1,5 BE

Graupenrisotto

Zutaten

Für 4 Portionen

3 Zwiebeln
1 EL Rapsöl
250 g Graupen
3/8 l Gemüsebrühe (selbst gekocht oder instant)
50 g Sauerrahm (15 % Fett; z. B. Crème légère)

1 Zwiebeln abziehen und in feine Würfel schneiden.
2 Das Öl erhitzen und die Zwiebeln darin glasig dünsten. Graupen zufügen und kurz mitdünsten.
3 Mit heißer Gemüsebrühe auffüllen und 30–40 Minuten quellen lassen, den Sauerrahm unterheben.

Tipp Graupen, eigentlich sind es geschliffene Gerstenkörner, dienten früher vor allem als kräftige Suppeneinlage bei Eintöpfen. Wer unter Diabetes leidet, sollte diese Traditionsidee ruhig wieder aufgreifen und bunte Gemüsesuppen mit einer Hand voll Graupen anreichern. Graupen besitzen einen niedrigeren glykämischen Index und sättigen länger als Reis. Die Körner enthalten neben gut sattmachenden Kohlenhydraten magenfreundliche Schleimstoffe, die auf den Verdauungsapparat ähnlich beruhigend wirken wie Reis- oder Haferschleim. Am feinsten schmecken rund geschliffene kleine Perlgraupen.
Das Risotto können Sie übrigens mit einem Salat und mit gehackten Kräutern und geriebenem Parmesan als Hauptgericht servieren. Zur Abwechslung ersetzen Sie die 50 Milliliter Brühe durch Weißwein.
Graupenrisotto lässt sich außerdem gut auf Vorrat einfrieren. Die Haltbarkeit beträgt etwa 3 Monate.

Pro Portion 7 g E • 5 g F • 46 g KH • 263 kcal • 1100 kJ • 3 g Ballaststoffe • 4 BE

Eingemachte Körner

Zutaten

Für 10 Portionen

500 g Dinkel (auch Weizen oder Roggen; ganze Körner)
Jodsalz

1 Die Körner in einen großen Topf geben. Mit 1,7 Liter Wasser übergießen und über Nacht zum Quellen stehen lassen. Am nächsten Tag Salz zufügen.
2 Gläser mit Twist-off-Deckeln bereit stellen. Die Körner zum Kochen bringen. 60 Minuten bei geringer Hitze garen.
3 Die Gläser mit kochend heißem Wasser ausspülen. Die Deckel in heißes Wasser legen. Die Körner mithilfe eines Einmachtrichters so in die Gläser füllen, dass sie mit Kochflüssigkeit bedeckt sind. Sofort den passenden Deckel fest aufschrauben und die Gläser zum Abkühlen beiseite stellen.
4 Die Gläser im Kühlschrank aufbewahren. Dort halten sie sich etwa 3 Wochen frisch.

Pro Portion 5 g E • 1 g F • 32 g KH • 162 kcal • 679 kJ • 4 g Ballaststoffe • 2,5 BE

Quinoa mit Frühlingszwiebeln

Zutaten

Für 4 Portionen

250 g Quinoa (Reformhaus)
3/4 l Gemüse- oder Geflügelbrühe (selbst gekocht oder instant)
1 Bund Frühlingszwiebeln
1 EL Butter
Salz, Pfeffer

1 Quinoa in einem Sieb abspülen und abtropfen lassen. Mit der Brühe in einen Topf geben und bei geringer Hitze 15–20 Minuten zugedeckt garen. Eventuell abgießen und abtropfen lassen.
2 Die Frühlingszwiebeln in ganz feine Ringe schneiden. Quinoa und Frühlingszwiebeln mit der Butter im Topf erhitzen und mit Salz und Pfeffer würzen.

Tipp Quinoa (sprich: Kienwa) ist eine in den Anden vielseitig verwendete Nutzpflanze mit hohem Nährwert.

Pro Portion 10 g E • 6 g F • 41 g KH • 260 kcal • 1103 kJ • 4 g Ballaststoffe • 3 BE

Gewürzamaranth

Zutaten

Für 4 Portionen

1 kleine Zimtstange
1 Msp. gemahlene Nelken
1 Msp. gemahlene Muskatblüte (Macis)
250 g Amaranth (Reformhaus oder Bioladen)
Eventuell Salz

1 600 Milliliter Wasser mit den Gewürzen aufkochen, Amaranth zugeben und zugedeckt bei geringer Hitze 30–35 Minuten ausquellen lassen.
2 Die Zimtstange entfernen und den Amaranth eventuell etwas nachsalzen.

Tipp Die runden kleinen Körner besitzen etwa ein Drittel mehr Ballaststoffe und Zink als Weizen. Ansehnliche Mengen an Magnesium und Kalzium machen Amaranth zu einer wertvollen Bereicherung des Speiseplans.

Pro Portion 9 g E • 5 g F • 36 g KH • 228 kcal • 962 kJ • 9 g Ballaststoffe • 3 BE

Buchweizen – Grundrezept

1 1/2 Liter Wasser mit etwas Salz aufkochen, Buchweizen und Gewürze zugeben.
2 Im offenen Topf 5 Minuten sprudelnd kochen lassen. Hitze auf kleinste Stufe reduzieren und den Buchweizen im geschlossenen Topf 10 Minuten quellen lassen. Sofort von der Kochstelle nehmen und servieren.

Tipp Buchweizen schmeckt herzhaft-würzig, wenn man ihn – ähnlich wie Nudeln – al dente kocht. Hält man die Kochzeit kurz, behalten die Körnchen noch etwas Biss und viel Aroma. Reste zu flachen Klößen formen, in Ei und Semmelbröseln wenden und anbraten. Einfrieren lohnt sich bei der kurzen Garzeit kaum.

Zutaten
Für 4 Portionen
Salz
250 g Buchweizenkörner
Gewürze nach Wahl, z. B. 2–3 frische Lorbeerblätter, 1 Stück unbehandelte Zitronenschale, 1/2 TL getrockneter Rosmarin oder Thymian oder 1 Prise Kurkuma (Gelbwurz)

Pro Portion 6 g E • 1 g F • 44 g KH • 212 kcal • 890 kJ • 2 g Ballaststoffe • 3,5 BE

Gemüsebulgur

1 Möhre schälen und raspeln. Zwiebeln und Knoblauch abziehen. Zwiebeln würfeln und mit der zerdrückten Knoblauchzehe im heißen Öl andünsten.
2 Bulgur zugeben und kurz mitdünsten. Brühe zugießen und alles im geschlossenen Topf bei geringer Hitze 15–20 Minuten ausquellen lassen.
3 Petersilie untermischen und dabei den Bulgur mit zwei Gabeln auflockern.

Tipp Bulgur ist in der orientalischen Küche ein seit Jahrhunderten bekanntes Grundnahrungsmittel. Dafür wird Weizen eingeweicht, gekocht, getrocknet und grob zerkleinert. Das Verfahren ist dem von Parboiled-Reis sehr ähnlich, die Vitamine bleiben zum großen Teil erhalten. Durch die Vorbehandlung ist Bulgur schnell zubereitet. Probieren Sie Bulgur als Beilage zu Fisch-, Fleisch- und Gemüsegerichten und als Suppeneinlage. Sogar als Dessert eignet sich Bulgur: In einer Mischung aus Wasser und Fruchtsaft (z. B. Apfelsaft) garen, mit frischen Früchten und ein paar Mandelsplittern mischen und mit einer Prise Zimt bestäuben.

Zutaten
Für 4 Personen
1 Möhre
2 Zwiebeln
1 Knoblauchzehe
1 EL Rapsöl
200 g Bulgur
1/2 l Gemüse- oder Geflügelbrühe (selbst gekocht oder instant)
1 EL gehackte Petersilie

Pro Portion 5 g E • 3 g F • 36 g KH • 196 kcal • 819 kJ • 6 g Ballaststoffe • 3 BE

Hirserisotto mit Sesam

Zutaten

Für 4 Portionen

1 Bund Suppengrün
2 Fleischtomaten
1 El Rapsöl
200 g Hirse
1 TL getrocknete Thymianblättchen
1/2 l Gemüse- oder Geflügelbrühe (selbst gekocht oder instant)
1 EL Butter
2 TL Sesam

1 Suppengrün putzen und fein würfeln. Tomaten mit kochendem Wasser übergießen, kalt abspülen und die Haut abziehen. In grobe Stücke schneiden.
2 Suppengrün und Tomatenstücke in Öl andünsten. Hirse und Thymian zufügen und mit Brühe aufgießen.
3 Im geschlossenen Topf bei geringer Hitze 20 Minuten garen. Auf der abgeschalteten Kochstelle weitere 10 Minuten quellen lassen.
4 Butter untermischen und dabei das Risotto mit zwei Gabeln auflockern. Mit Sesam bestreut servieren.

Pro Portion 7 g E • 9 g F • 39 g KH • 270 kcal • 1130 kJ • 5 g Ballaststoffe • 3 BE

Hirse passt gut als Beilage zu Eiergerichten oder hellen Ragouts. Statt Sesam können Sie auch gehackte Haselnüsse oder Kürbiskerne verwenden.

Klare Salatsauce

Zutaten

Für 6–8 Portionen

2 rote Zwiebeln
2 TL Weizen- oder Kartoffelstärke
400 ml Gemüsebrühe (selbst gekocht oder instant)
Saft und abgeriebene Schale von 1 unbehandelten Zitrone
Salz, Pfeffer
1 EL mittelscharfer Senf
Flüssiger Süßstoff

1 Zwiebeln abziehen und fein würfeln. Stärke mit wenig kaltem Wasser glatt rühren.
2 Gemüsebrühe mit Zwiebelwürfeln einmal aufkochen, die Stärke einrühren und noch einmal aufkochen lassen, bis die Gemüsebrühe schön bindet. Abkühlen lassen.
3 Die Salatsauce mit Zitronensaft und -schale, Salz, Pfeffer, mittelscharfem Senf und einigen Tropfen Süßstoff abschmecken. In ein Schraubglas füllen. Im Kühlschrank aufbewahrt bleibt sie etwa 1 Woche frisch.
4 Es empfiehlt sich, vor dem Verwenden die Salatsauce im Schraubglas noch einmal aufzuschütteln.

Tipp Diese Salatsauce ist ideal für alle, die abnehmen wollen, denn sie enthält superwenig Fett – mit einem üblichen Dressing hätte man dagegen 5–10 Gramm Fett zusätzlich auf dem Salatteller. Wer allerdings keine Figursorgen hat, schlägt 1–3 Esslöffel Oliven-, Raps- oder Walnussöl unter die Mischung. Wer es gern noch saurer mag, ersetzt den Zitronensaft durch Essig oder Limettensaft. Zerdrückten Knoblauch, gehackte Kräuter oder fein gehackte, getrocknete Tomaten gibt man besser erst kurz vor der Verwendung dazu: Mit diesen Zutaten hält sich die Sauce nicht so lange, man muss sie innerhalb von 2–3 Tagen verbrauchen.

Pro Portion (bei 8 Port.) 1 g E • 0 g F • 3 g KH • 16 kcal • 68 kJ • 0 g Ballaststoffe • 0 BE

Jogurtsalatsauce

Zutaten

Für 6–8 Portionen

2 Becher fettarmer Naturjogurt (300 g)
100 ml Gemüsebrühe (selbst gekocht oder instant)
2 EL Magermilchpulver
1 Bund Schnittlauch
1 EL Kapern
Salz, Pfeffer
2–3 EL Zitronensaft

1 Jogurt mit Brühe und Milchpulver, in Röllchen geschnittenem Schnittlauch und gehackten Kapern glatt rühren.
2 Das Dressing mit Salz, Pfeffer und Zitronensaft abschmecken und in einem Schraubglas im Kühlschrank aufbewahren. Vor jedem Benutzen einmal gut aufschütteln.

Tipp Hat man eine fertige Salatsauce im Kühlschrank, ist ein Salatteller schnell gemacht. Für ganz Eilige: Geschnittene Blatt- oder Rohkostsalate aus der Gemüseabteilung im Supermarkt verwenden.
Zur Abwechslung können Sie der Salatsauce auch grünen Pfeffer und fein geschnittenen Rucola untermischen, sie mit Currypulver und frischem Ingwer abschmecken, Kresse und rote Zwiebeln zufügen oder mit Knoblauch und Mittelmeerkräutern würzen.

Pro Portion (bei 8 Port.) 5 g E • 0 g F • 4 g KH • 46 kcal • 193 kJ • 0 g Ballaststoffe • 0 BE

Grüner Salat mit Avocadosauce

Zutaten

Für 4 Portionen

1 Kopfsalat
1 kleine Salatgurke
1 weiche Avocado
2–3 EL Weißweinessig
2–3 EL Gemüsebrühe (selbst gekocht oder instant)
Salz, Pfeffer
1 TL gehackte Kürbiskerne

1 Salat putzen, waschen, abtropfen lassen und in mundgerechte Stücke zupfen. Gurke schälen und würfeln.
2 Die Avocado schälen, halbieren und entsteinen. Das Fruchtfleisch für die Sauce mit Essig und Brühe fein pürieren, mit Salz und Pfeffer abschmecken. Falls die Sauce zu fest geraten ist, mit etwas Brühe cremig rühren.
3 Salat und Gurkenwürfel auf Tellern anrichten. Die Avocadosauce vorsichtig darüber träufeln. Mit gehackten Kürbiskernen bestreut servieren.

Tipp Dieser gehaltvolle, aber sehr gesunde Salat passt als Beilage zu einem Getreidegericht, wie etwa Graupenrisotto (→ Seite 35). Oder einfach mit Vollkornbrot essen.
Man kann die Avocado auch mit einem Teil der klaren Salatsauce (→ Seite 39) mischen und pürieren.

Pro Portion 2 g E • 7 g F • 2 g KH • 79 kcal • 328 kJ • 2 g Ballaststoffe • 0 BE

Rote-Bete-Salat

Zutaten

Für 4 Portionen

500 g gekochte Rote Bete (vakuumverpackt)
3 EL Rotweinessig
Salz, Pfeffer, flüssiger Süßstoff
1 EL Haselnuss- oder Walnussöl
4 EL körniger Frischkäse (0,5 oder 0,8 % Fett)
2 EL Dillspitzen

1 Rote Bete in der Küchenmaschine oder auf dem Gemüsehobel raspeln und in eine Schüssel geben.
2 Essig mit Salz, Pfeffer und etwas Süßstoff würzen. Öl unterschlagen und über das geraspelte Gemüse geben.
3 Den Rote-Bete-Salat mit Frischkäse auf Tellern anrichten. Mit Dillspitzen bestreuen.

Tipp Die intensiv farbige und färbende Rübe mit ihrem angenehm süß-säuerlichen Aroma ist bei uns ganzjährig auf dem Markt und unter den Namen Rahne, Rotmöhre oder auch Rote Rübe bekannt. Die gesunde Wurzel enthält viele Vitamine sowie Kalium und Folsäure und ist somit ein tolles Wintergemüse. Rote Bete braucht eine kräftige Salatsauce und verträgt mehr Säure als andere Gemüsesorten. Wenn Sie die klare Salatsauce aus dem Vorrat verwenden (→ Seite 39), geben Sie einfach etwas Essig oder Zitronensaft dazu.

Pro Portion 5 g E • 3 g F • 8 g KH • 81 kcal • 342 kJ • 3 g Ballaststoffe • 0 BE

Endiviensalat mit Ingwersauce

1 Salat putzen. Blätter in lauwarmem Wasser waschen, trocknen und in feine Streifen schneiden. Bohnen abgießen, in einem Sieb abspülen und abtropfen lassen. Ingwerwurzel schälen.
2 Petersilie mit Sauerrahm, Jogurt und Öl verrühren. Ingwerwurzel durch die Knoblauchpresse dazudrücken. Mit Zitronensaft, Salz, Pfeffer und Süßstoff abschmecken.
3 Den Endiviensalat und die Riesenbohnen in einer Schüssel mischen und die Jogurtsauce darüber geben. Alles vorsichtig vermengen und sofort servieren.

Pro Portion 6 g E • 4 g F • 9 g KH • 97 kcal • 407 kJ • 3 g Ballaststoffe • 0,5 BE

Zutaten
Für 4 Portionen
1 Kopf Endiviensalat
1 Dose weiße Riesenbohnen
1 walnussgroßes Stück Ingwerwurzel
2 EL gehackte Petersilie
1 EL Sauerrahm
1 Becher fettarmer Naturjogurt (150 g)
1 EL Rapsöl
2 EL Zitronensaft
Salz, Pfeffer, flüssiger Süßstoff

Sauerkraut-Paprika-Salat

1 Sauerkraut abtropfen lassen und klein schneiden, die Paprikaschoten putzen und in dünne Streifen schneiden; beides mischen.
2 Chilischote fein hacken, Knoblauchzehe abziehen und durch eine Presse direkt in den Jogurt drücken. Chiliwürfel, Öl und Zitronensaft zugeben, verrühren und mit etwas Salz und Süßstoff abschmecken.
3 Die Sauce unter den Salat heben und sofort servieren.

Pro Portion 3 g E • 2 g F • 5 g KH • 54 kcal • 226 kJ • 5 g Ballaststoffe • 0 BE

Zutaten
Für 4 Portionen
1 kleine Dose Sauerkraut
2 rote Paprikaschoten
1/2 frische Chilischote
1 Knoblauchzehe
1 Becher fettarmer Naturjogurt (150 g)
1/2 EL Olivenöl
1 El Zitronensaft
Salz, flüssiger Süßstoff

Linsensalat mit Orangen

1 Die Linsen in einem Sieb abspülen und abtropfen lassen.
2 Zwei Orangen wie einen Apfel schälen und die Filets mit einem Messer herausschneiden, die dritte Orange auspressen.
3 Den Rucola putzen, waschen, trockenschütteln und in mundgerechte Stücke zupfen.
4 Orangensaft mit Salz und Pfeffer würzen, das Rapsöl unterschlagen.
5 Linsen, Orangenfilets und Rucola mit der Salatsauce vermengen und mit Sesam bestreuen.

Tipp Sesam ist besonders aromatisch, wenn er in einer beschichteten Pfanne ohne Fett geröstet wird.

Pro Portion 13 g E • 7 g F • 33 g KH • 257 kcal • 1077 kJ • 7 g Ballaststoffe • 1,5 BE

Zutaten
Für 4 Portionen
1 große Dose Linsen (530 g Abtropfgewicht)
3 Orangen
1 Bund Rucola (80 g)
Salz, Pfeffer
2 EL Rapsöl
1 EL Sesam

Brote

Die folgenden Brotrezepte gelingen auch Anfängern ohne großen Zeitaufwand in einem Brotbackautomaten. Die Anschaffung lohnt sich für Diabetiker besonders, weil Brote mit gesunden Zutaten und hohem Ballaststoffgehalt nicht überall in guter Qualität zu kaufen sind. Der Vorteil beim Kauf eines deutschen Markengeräts: Die Gebrauchsanleitung ist verständlich und der Hersteller (Unold) bietet eine Hotline, die bei Backproblemen sachkundig unterstützt.

Roggenvollkornbrot

Zutaten

Für 1 Brot von 1,3 kg (etwa 20 Scheiben)

1 1/2 TL Salz
1 1/2 TL Milchzucker
2 Beutel flüssiger Sauerteig (300 g; z. B. Seitenbacher)
450 g Roggenvollkornmehl
50 g Leinsamen
30 g Sesam
30 g Sonnenblumenkerne
30 g Inulin
1 Päckchen Trockenbackhefe

1 425 Milliliter Wasser, Salz, Milchzucker und den Sauerteig in die Brotbackform des Geräts geben. Roggenvollkornmehl, Leinsamen, Sesam, Sonnenblumenkerne und Inulin zufügen. Die Hefe darüber streuen.

2 Das Brot auf der Stufe für große Vollkornbrote backen. Sollte Ihr Backautomat nur für kleine Brote geeignet sein, halbieren Sie die Zutatenmengen. Reste vom Sauerteig bewahrt man im Kühlschrank auf. 1 Tag vor dem nächsten Backen verrühren Sie den Teig mit etwas Mehl und Wasser und lassen ihn bei Zimmertemperatur stehen.

Tipp Für reine Roggenbrote braucht man die doppelte Menge Sauerteig, damit das Brot gut aufgeht.
Sauerteig kann man auch selber herstellen: 10 Gramm frische Hefe und 1 Teelöffel Milchzucker in 1/4 Liter Wasser auflösen. Mit 150 Gramm mittelgrobem Roggenschrot oder 150 Gramm Weizenvollkornmehl verrühren. Die Schüssel zugedeckt in einem kühlen Raum (z. B. Keller) 3–5 Tage zum Gären stehen lassen. Wenn der Sauerteig fein säuerlich riecht und kleine Blasen zu sehen sind, ist er gelungen und Sie können damit backen.

Pro Scheibe 4 g E • 3 g F • 18 g KH • 113 kcal • 473 kJ • 6 g Ballaststoffe • 1,5 BE

Mischbrot mit Körnern

Zutaten

Für 1 Brot von 1,2 kg (etwa 20 Scheiben)

1 1/2 TL Salz
1 1/2 TL Milchzucker
1 Beutel flüssiger Sauerteig
250 Weizenvollkornmehl
225 Roggenvollkornmehl
30 g Inulin
150 g gekochte Roggen-, Weizen- oder Haferkörner
2 Päckchen Trockenbackhefe

1 3/8 Liter Wasser, Salz, Milchzucker und den Sauerteig in das Gerät geben. Beide Mehlsorten, Inulin und die Körner zufügen. Die Hefe darüber streuen.

2 Das Brot auf der Stufe für große Vollkornbrote backen. Sollte Ihr Backautomat nur für kleine Brote geeignet sein, halbieren Sie die Zutatenmengen.

Pro Scheibe 3 g E • 1 g F • 18 g KH • 92 kcal • 387 kJ • 5 g Ballaststoffe • 1,5 BE

Buttermilchbrot

Zutaten

Für 1 Brot von 900 g

375 ml Buttermilch
30 g Diät-Backmargarine
1 TL Salz, 1 TL Milchzucker
250 g Weizenmehl, Type 405
250 g Weizenmehl, Type 1050
50 g Inulin
1 Päckchen Trockenbackhefe

1 Buttermilch, Margarine, Salz und Milchzucker in die Brotbackform des Geräts geben. Beide Mehlsorten und Inulin zufügen, Hefe darüber streuen.
2 Das Brot auf der Normal- oder Schnellbackstufe backen.

Tipp Dieses Brot ist besonders für Freunde von hellen, »fluffigen« Broten gedacht. Es bleibt nicht so lange frisch wie Sauerteigbrot, frieren Sie deshalb eventuell eine Hälfte ein. Buttermilchbrot eignet sich auch gut zum Toasten.

Pro Scheibe 3 g E • 2 g F • 19 g KH • 107 kcal • 445 kJ • 3 g Ballaststoffe • 1,5 BE

Gemüsebrötchen

Zutaten

Für 10 Brötchen

150 g Porree
150 g Möhren
150 g Weizenvollkornmehl
225 g Weizenmehl, Type 1050
1 Bund gehackte Petersilie
2 EL Rapsöl
1 TL Salz
1 TL Milchzucker
1 Päckchen Trockenbackhefe
2 EL fettarme Milch
1 EL Sonnenblumenkerne

1 Porree und Möhren putzen und im Blitzhacker fein zerkleinern.
2 Beide Mehlsorten, Gemüse, Petersilie, Öl, 200 Milliliter Wasser, Salz, Milchzucker und Hefe mit den Knethaken zu einem glatten Teig verarbeiten. Den Teig zugedeckt an einem warmen Ort etwa 30 Minuten gehen lassen, bis sich sein Volumen verdoppelt hat.
3 Den Teig noch einmal gut durchkneten und eine lange Rolle daraus formen. Die Rolle in 10 Stücke schneiden und runde Brötchen daraus formen.
4 Den Backofen auf 200 °C (Gas Stufe 3, Umluft 175 °C) vorheizen. Die Brötchen auf ein mit Backpapier ausgelegtes Blech legen und weitere 10 Minuten gehen lassen. Für eine knusprige Kruste die Brötchen mit Milch bestreichen und mit Sonnenblumenkernen bestreuen.
5 Die Gemüsebrötchen im vorgeheizten Backofen 25–30 Minuten backen.

Tipp Die Brötchen lassen den Blutzucker durch ihren hohen Gehalt an Gemüse nicht so schnell wie die üblichen hellen Brötchen steigen. Für den Vorrat gleich nach dem Abkühlen einfrieren. Im Backautomaten werden sie folgendermaßen gemacht: Alle Zutaten in den Backautomaten geben (zuerst Wasser, Kräuter und Gemüse einfüllen, dann Mehl, Gewürze und Hefe zugeben) und auf Normal- oder Schnellbackstufe backen. Vor dem dritten Aufgehen eventuell mit Milch bestreichen und mit Sonnenblumenkernen bestreuen. Anstelle von Rapsöl kann man auch 40 Gramm Diätmargarine in den Brötchenteig geben. Gute Margarine besteht aus flüssigen Pflanzenölen, Wasser und Milchbestandteilen. Je nach Sorte enthält sie zwischen 60 und 70 Prozent ungesättigte Fettsäuren. Die Vitamine A, D, E und Betacarotin werden zugesetzt.

Pro Brötchen 5 g E • 3 g F • 26 g KH • 155 kcal • 650 kJ • 3 g Ballaststoffe • 2 BE

Hefeteig – Grundrezept

Zutaten

1/2 Würfel Hefe (oder 1 Päckchen Trockenhefe)
250 ml fettarme Milch
Zucker
450 g Weizenmehl, Type 405
50 g Inulin
1 TL flüssiger Süßstoff
Salz
3 EL Rapsöl

1 Die Hefe in die lauwarme Milch bröckeln, 1 Prise Zucker unterrühren und die Mischung stehen lassen, bis sie schaumig aufgegangen ist.
2 Mehl mit Inulin mischen und in eine Schüssel geben. Süßstoff, 1 Prise Salz, Öl und die Hefemilch dazugeben, alles vermengen und den Teig durchkneten.
3 Den Teig mit Folie abdecken und an einem warmen Ort gehen lassen, bis er etwa auf die doppelte Größe aufgegangen ist. Nochmals durchkneten und weiterverarbeiten.

Tipp Der Teig lässt sich gut einfrieren: Bis einschließlich Punkt 2 arbeiten und den Teig verpackt in den Gefrierschrank legen. Nach dem Auftauen ohne weitere Wartezeiten zubereiten.
Für Pizza oder Gemüsekuchen den Süßstoff weglassen und stattdessen 1 Prise Salz nach Wahl bis zu etwa 1/2 TL Salz zufügen.
Hefeteig kann man in den meisten Brotbackmaschinen zubereiten und gehen lassen; benutzen Sie dafür nur Trockenbackhefe.

Italienisches Fladenbrot mit Rosmarin (Focaccia)

Zutaten

Für 1 Fladenbrot (6 Portionen)

1/2 Grundrezept Hefeteig (ohne Süßstoff und mit 1/4 TL Salz)
1–2 EL Olivenöl
1 Zweig frischer Rosmarin
1 TL grobes Salz

1 Den Hefeteig nach dem Grundrezept (siehe oben) zubereiten. Den Backofen auf 225 °C (Gas Stufe 4, Umluft 190 °C) vorheizen.
2 Den Teig auf einem mit Backpapier ausgelegten Blech zu einem ovalen Fladen ausrollen und mit Olivenöl bestreichen. Mit abgezupften Rosmarinnadeln und grobem Salz bestreuen.
3 Im vorgeheizten Backofen 10–12 Minuten backen, lauwarm zu Vorspeisen oder als Beilage zum Grillen servieren.

Tipp Schon die alten Griechen schätzten knusprige Fladenbrote mit würzigem Belag. Viel später – erst im 18. Jahrhundert – kamen findige italienische Bäcker auf die Idee, den Teig mit Tomaten, Käse und anderen aromatischen Zutaten zu belegen. Die Pizza war geboren, die schon lange nicht mehr nur in Italien geschätzt wird – sie gehört vielmehr mittlerweile zum »Weltkulturerbe der Genießer«.

Pro Portion 5 g E • 5 g F • 29 g KH • 182 kcal • 762 kJ • 5 g Ballaststoffe • 2,5 BE

Quarkkuchen mit Stachelbeeren

Zutaten

Für 1 Backblech

(20 Stücke)

1 Grundrezept Hefeteig
1 kg Buttermilch- oder Magerquark
2 Eier
40 g resistente Stärke
50 g Zucker
1 1/2 TL flüssiger Süßstoff
Ausgekratztes Mark von 1 Vanilleschote
500 g Stachelbeeren

1 Den Hefeteig nach dem Grundrezept auf der gegenüberliegenden Seite zubereiten und zum Gehen beiseite stellen. Er muss sein Volumen mindestens verdoppeln.

2 Den Backofen auf 200 °C (Gas Stufe 3, Umluft 175 °C) vorheizen. Quark, Eier, resistente Stärke, Zucker, Süßstoff und Vanillemark mit dem Handmixer gut verquirlen. Die Stachelbeeren putzen und unter die Quarkmasse rühren.

3 Den Hefeteig auf einem mit Backpapier belegten Blech ausrollen und die Quarkmasse gleichmäßig darauf verteilen. Im vorgeheizten Backofen etwa 40 Minuten backen.

Pro Stück 10 g E • 3 g F • 26 g KH • 175 kcal • 734 kJ • 4 g Ballaststoffe • 2 BE

Der Quarkkuchen mit Stachelbeeren ist ein herrlich frischer Sommerkuchen. Wer Stachelbeeren nicht mag, kann ihn auch mit Kirschen, Aprikosen, Pflaumen und Weintrauben zubereiten.

Biskuit – Grundrezept

Zutaten

4 Eigelbe
80 g Zucker
20 g Milchzucker
25 g Inulin
4 Eiweiß
75 g Mehl
50 g resistente Stärke

1 Eigelbe und 4 Esslöffel warmes Wasser mit den Quirlen des Handrührgeräts verrühren, bis die Mischung hell und schaumig geworden ist. Zucker mit Milchzucker und Inulin mischen. Nach und nach in die Eimischung einrieseln lassen und so lange weiterrühren, bis eine dicke, cremige Masse entstanden ist.
2 Das Eiweiß zu sehr steifem Schnee schlagen und auf die Eigelbcreme geben. Mehl mit Stärke mischen, auf den Eischnee sieben und alles mit einem Spatel vorsichtig unterheben.
3 Für einen einfachen Tortenboden den Teig in eine gefettete Springform (Ø 26 cm) geben und im vorgeheizten Backofen 20–25 Minuten bei 200 °C (Gas Stufe 3, Umluft 180 °C) backen. Nach dem Auskühlen einmal quer durchschneiden. Für einen hohen Boden benötigen Sie die 1 1/2-fache Menge Teig. Den Boden etwa 30–35 Minuten backen und zweimal so durchschneiden, dass 3 Böden entstehen.
4 Die Menge reicht auch für 12 Tortelettförmchen (Backzeit 12–15 Minuten) oder für 1 Biskuitrolle (Backzeit 8–10 Minuten). Dafür streichen Sie den Biskuitteig auf ein mit Backpapier belegtes Blech (Backzeit etwa 8 Minuten).

Tipp Den gebackenen Teig für eine Biskuitrolle stürzen Sie nach dem Backen auf Backpapier. Das obere Papier mit einem Pinsel etwas anfeuchten und abziehen. Dann den Biskuitboden zusammen mit dem unteren Papier fest aufwickeln und abkühlen lassen. So verhindern Sie, dass der Teig später beim Füllen und Aufrollen bricht. Die leichten, nahezu fettfreien Biskuitteige lassen sich nicht mit Vollkornmehlen zubereiten. In unserem Grundrezept sorgen deshalb resistente Stärke und Inulin für den nötigen Ballast. Beide verzögern die Aufnahme der Kohlenhydrate und dämpfen den Blutzuckeranstieg.

LIEBER SELBER BACKEN

Fertigbackwaren wie Kuchen, süße Teilchen, Kekse und Torten bestehen fast immer zu einem beachtlichen Teil aus gehärteten Fetten. Weil die Mischung von viel Zucker und hartem Fett Menschen mit Diabetes schlecht bekommt, lohnt sich das Selberbacken besonders. Vor allem Hefekuchen und Biskuit sind ideal, weil sie auch ohne viel Fett wunderbar schmecken. Rührteige geraten, selbst wenn im Rezept Butter angegeben ist, genau so gut mit einer guten Margarine. Fertigprodukte wie Backmischungen für Kuchen enthalten selten Fett. Das können Sie selbst bei der Zubereitung hinzugeben. Wenn Sie dann eine gute Margarine oder Gänseschmalz verwenden, entlasten Sie den Fettstoffwechsel. Die meisten Kuchenmischungen gelingen übrigens auch mit Pflanzenöl, wenn man nur etwa 70 bis 80 Prozent der angegebenen Menge verwendet.

Fruchtige Tortenfüllung

Füllung

Für 1 Biskuitboden von 26 cm Ø oder 1 Biskuitrolle, je 12 Stücke oder 12 Portionen Dessert

6 Blatt weiße Gelatine
4 Eier
1 TL Inulin
1–2 TL flüssiger Süßstoff
250 g Fruchtpüree (oder Quark oder Jogurt)
Saft von 1/2 Zitrone
125 g Sojacreme (Crème-fraîche-Ersatz, z. B. von Vitaquell oder Alpro)
Salz

1 Gelatine in kaltem Wasser einweichen. Eier trennen. Eigelbe mit Inulin und 1 Teelöffel Süßstoff verrühren, bis eine dickliche helle Creme entstanden ist. Fruchtpüree (Jogurt oder Quark) zufügen. Zitronensaft und Sojacreme unterrühren. Alles mit Süßstoff abschmecken.
2 Die Gelatine aus dem Wasser nehmen und tropfnass in ein kleines Gefäß geben. In der Mikrowelle oder im Wasserbad erhitzen, bis die Gelatine sich verflüssigt hat. Etwas von der Creme zur warmen Gelatine geben und verrühren, dann die Gelatinemischung in die Creme rühren; so kann nichts gerinnen.
3 Die Creme kalt stellen, bis sie zu gelieren beginnt. Zur Probe mit einem Löffel eine »Straße« ziehen. Bleibt die Spur sichtbar, ist die Creme fest genug.
4 Eiweiß mit 1 Prise Salz steif schlagen. Den Eischnee auf die Creme häufen und unterheben. Dafür den Schneebesen durch beide Massen hindurchziehen, nicht rühren. Einen Tortenboden oder eine Biskuitrolle mit der Creme füllen. Oder die Creme als Dessert servieren.

Tipp Frucht- und Quarkcremes sind ideal als Tortenfüllung, weil sie erfrischen und verhältnismäßig wenig Kalorien liefern. Durch Gelatine bekommen sie die notwendige Schnittfestigkeit und durch Eischnee und Sojacreme die lockere mousse-ähnliche Konsistenz. Kiwis und Papayas eignen sich nicht für Biskuitfüllungen mit Gelatine. Sehr gut sind dagegen pürierte und durch ein Sieb gestrichene reife Beeren oder mit dem Stabmixer fein zermuste Kirschen, Pfirsiche, Nektarinen oder Aprikosen. Jogurt- oder Quarkcremes zusätzlich mit Zimt, Vanilleextrakt oder Zitronensaft würzen.

Pro Stück 5 g E • 4 g F • 19 g KH • 136 kcal • 569 kJ • 3 g Ballaststoffe • 1,5 BE

Pro Portion (Dessert) 1 g E • 2 g F • 2 g KH • 32 kcal • 132 kJ • 1 g Ballaststoffe • 0 BE

Mohn-Zimt-Muffins

Zutaten

Für 12 Stück

1 Grundrezept Biskuit
50 g Mohn
2 gehäufte TL Zimt

1 Den Biskuit nach dem Grundrezept (siehe gegenüberliegende Seite) zubereiten, dabei Mohn und Zimt unterrühren, bevor der Eischnee und die Mehl-Stärke-Mischung zugegeben werden.
2 Den Teig in Muffins-Papierförmchen oder in ein gefettetes Muffinblech füllen und im vorgeheizten Backofen bei 200 °C (Gas Stufe 3, Umluft 175 °C) 20 Minuten backen.

Pro Muffin 4 g E • 4 g F • 18 g KH • 126 kcal • 528 kJ • 3 g Ballaststoffe • 1,5 BE

Die Schnellen

Wer im Berufsalltag nicht mehr als 30 Minuten Zeit hat, ein Essen zu kochen, kann trotzdem etwas Gutes auf den Tisch bringen. Muss man gegen die Uhr kochen, wählt man dafür bequeme, aber gesunde Fertigprodukte aus und kombiniert sie geschickt mit frischen Zutaten. Eilige Diabetiker findet in diesem Kapitel eine Fülle von Rezepten mit ausgeklügeltem Nährstoffgehalt. Alle Gerichte sind schnell gemacht, schmecken gut, sind aber trotzdem figurfreundlich und ausgewogen. Neben Eintöpfen, Suppen, Nudel- und Geflügelgerichten stehen kalte Snacks fürs Abendbrot und leichte Desserts zur Wahl.

Blumenkohl-Cremesuppe

1 Blumenkohl putzen, Kartoffel schälen, Zwiebel abziehen. Alles zusammen im Blitzhacker oder in der Küchenmaschine zerkleinern. Die Gemüseraspel mit der Brühe in einen Topf geben und etwa 8 Minuten garen.
2 Die Suppe im Mixer oder mit dem Schneidstab pürieren und mit Salz, Pfeffer, Muskat und Zitronensaft würzen. Mit Sauerrahm und den gehackten Kürbiskernen servieren.

Tipp Ist die Suppe zu dünn geraten, 1–2 Teelöffel Sojamehl mit wenig Wasser glatt rühren, in die Suppe geben und unter Rühren aufkochen.
Zum Abwandeln können Sie auch andere Gemüsesorten wie etwa Brokkoli, Kohlrabi, Kürbis, Möhren oder Sellerie verwenden. Wird das Gemüse wie üblich etwas größer geschnitten, verlängert sich die Garzeit auf etwa 20 Minuten.

Zutaten
Für 2 Portionen
300 g Blumenkohlröschen
1 mittelgroße Kartoffel (etwa 80 g)
1 mittelgroße Zwiebel (60 g)
1/2 l Gemüsebrühe (selbst gekocht oder instant)
Salz, Pfeffer, Muskatnuss
Zitronensaft
2 TL Sauerrahm (15 % Fett; z. B. Crème légère)
2 TL gehackte Kürbiskerne

Pro Portion 6 g E • 3 g F • 11 g KH • 102 kcal • 424 kJ • 6 g Ballaststoffe • 0,5 BE

Tomatensuppe mit Grünkernschrot

1 Grünkernschrot mit der Gemüsebrühe in einen Topf geben, aufkochen und 10 Minuten zugedeckt bei milder Hitze garen.
2 In der Zwischenzeit die Champignons putzen, in feine Scheiben schneiden und im heißen Olivenöl goldbraun braten, mit Salz und Pfeffer würzen und beiseite stellen.
3 Die Tomatenstückchen zum Grünkern geben, alles noch einmal erhitzen und mit Salz, Pfeffer und einigen Tropfen Süßstoff würzen.
4 Die Suppe mit den gebratenen Champignonscheiben und Hüttenkäse servieren, mit Schnittlauchröllchen bestreuen.

Tipp Grünkern-, Dinkel- und Haferschrot sind ideale Ergänzungen, um die Blutzuckerwirkung von Fertigsuppen und -eintöpfen abzusenken. Die grob zerkleinerten Getreidekörner haben eine kurze Garzeit und sorgen für eine nachhaltige Sättigung. Tomaten, auch die aus der Dose oder dem Tetrapack, sind ideale Lebensmittel für Diabetiker. Sie enthalten kein Fett und folglich wenig Kalorien, liefern aber reichlich Betakarotin und eine gute Portion der B-Vitamine Folsäure und Biotin. Dazu kommt bei Freilandfrüchten noch eine ansehnliche Menge Vitamin C, die insbesondere in der gallertartigen Flüssigkeit rund um die Kerne steckt.

Zutaten
Für 2 Portionen
2 EL Grünkernschrot
400 ml Gemüsebrühe (selbst gekocht oder instant)
150 g Champignons
2 TL Olivenöl
1 kleine Dose Tomatenstückchen (400 g Einwaage)
Salz, Pfeffer
Flüssiger Süßstoff
2 EL Hüttenkäse (0,5 oder 0,8 % Fett)
4 EL Schnittlauchröllchen (eventuell Tiefkühlprodukt)

Pro Portion 9 g E • 4 g F • 18 g KH • 148 kcal • 623 kJ • 4 g Ballaststoffe • 1 BE

Fenchel-Fischsuppe mit Zartweizen

Zutaten

Für 2 Portionen

400 ml Tomatensaft
1/4 l Gemüsebrühe (selbst gekocht oder instant)
60 g Zartweizen (z. B. Ebly)
1 Knolle Fenchel (300 g)
150 g Seelachsfilet
50 g Eismeerkrabben
Salz, Cayennepfeffer
1 EL Sherry
1 EL Olivenöl
1/2 Bund gehackter Dill (eventuell Tiefkühlprodukt)

1 Tomatensaft und Brühe erhitzen, Zartweizen zugeben und 10 Minuten garen. Den Fenchel putzen und in feine Streifen schneiden. Den Fenchel in den Topf geben und 5 Minuten weitergaren.

2 Das Fischfilet würfeln, zugeben und weitere 5 Minuten garen. Eismeerkrabben zugeben und kurz erhitzen.

3 Mit Salz, Cayennepfeffer und Sherry würzen, das Olivenöl darüber träufeln. Mit Dill bestreuen und servieren.

Tipp Die vorgegarten hellen Weizenkörner werden als »Zartweizen« bezeichnet, wahrscheinlich deshalb, weil sie im Gegensatz zu den ursprünglichen Weizenkörnern geschält sind. Ihr Vorteil: Sie haben ungefähr die gleiche Garzeit wie Reis, aber eine etwas geringere Wirkung auf den Blutzucker und zudem 5,4 Gramm Ballaststoffe pro 100 Gramm. Zartweizen ist in jedem gut sortierten Supermarkt erhältlich.

Pro Portion 28 g E • 7 g F • 30 g KH • 308 kcal • 1294 kJ • 7 g Ballaststoffe • 2 BE

Eine delikate Suppe, die Sie auch jederzeit Ihren Gästen servieren können. Fenchel enthält zudem reichlich Vitamin C und wirkt Cholesterin senkend.

Nudeleintopf mit Fleischklößchen

1 Fleisch- oder Gemüsebrühe in einem Topf aufkochen und das Gemüse darin 5 Minuten garen.
2 In der Zwischenzeit Beefsteakhack, Ei, gehackte Petersilie und wenig Salz und Pfeffer vermengen. Mit zwei kleinen Löffeln Klößchen formen, direkt in die Brühe geben und weitere 5 Minuten garen.
3 Die Spätzle zugeben und 1 Minute in der Brühe erhitzen. Die Haferkleieflocken einrühren und den Eintopf damit leicht binden. Mit Salz und Pfeffer abschmecken.

Tipp Geflügel- oder Putenhack gibt es nur in sehr wenigen Geschäften. Bei manchen Metzgern bekommt man es auf Vorbestellung. Frieren Sie es eventuell portionsweise ein.
Bei Ihrem Einkauf sollten Sie auf pures Tiefkühlgemüse achten. Werden Saucen herausgestellt, ist meist ein »Gewürze-Kloß« in der Packung, der hauptsächlich aus hartem, also ungeeignetem Fett besteht. Deshalb ganz genau die Zutatenliste beachten! Dort sollten außer der Gemüsesorte keine weiteren Zutaten stehen.

Zutaten

Für 2 Portionen

1/2 l Fleisch- oder Gemüsebrühe (selbst gekocht oder instant)
300 g gemischtes Tiefkühlgemüse (z. B. Suppengemüse, Farmergemüse)
100 g Beefsteakhack (oder Geflügelhackfleisch)
1 kleines Ei
1/2 Bund gehackte Petersilie (eventuell Tiefkühlprodukt)
Salz, Pfeffer
200 g Spätzle (Kühltheke)
2 EL Haferkleieflocken

Pro Portion 26 g E • 7 g F • 35 g KH • 308 kcal • 1293 kJ • 7 g Ballaststoffe • 2 BE

Linsencurry mit Aprikosen

1 Aprikosen in Streifen schneiden, Zwiebel und Knoblauchzehe abziehen und würfeln.
2 Zwiebel-, Knoblauch und Schinkenwürfel im heißen Öl glasig dünsten, Linsen und Aprikosen zugeben. Mit Currypulver bestreuen und nur ganz kurz unterrühren, bis der Curry duftet. Dann mit der Brühe ablöschen und 15 Minuten bei milder Hitze zugedeckt garen.
3 Die Frühlingszwiebeln putzen, die weißen und hellgrünen Teile in Ringe schneiden, 5 Minuten vor Ende der Garzeit zu den Linsen geben.
4 Mit Salz, Pfeffer und einigen Tropfen Süßstoff würzen.

Tipp Anstelle der schnell garenden roten Linsen kann man für das Curry auch die üblichen braunen Linsen aus der Dose verwenden. Dann sollte man sich allerdings die Mühe machen und die Linsen in ein Sieb abgießen und abtropfen lassen. Falls es stört, kann man auch das in Konserven enthaltene Suppengrün herausnehmen. Weil Linsen aus der Dose bereits gar sind, muss man das Ganze nur noch kurz aufkochen.

Zutaten

Für 2 Portionen

50 g getrocknete Aprikosen
1 Zwiebel (eventuell Tiefkühlprodukt)
1 Knoblauchzehe (eventuell Tiefkühlprodukt)
50 g magere Schinkenwürfel
1 EL Rapsöl
200 g rote Linsen
2 TL mildes Currypulver
1/4 l Gemüse- oder Fleischbrühe (selbst gekocht oder instant)
2 Bund Frühlingszwiebeln
Salz, Pfeffer, flüssiger Süßstoff

Pro Portion 32 g E • 9 g F • 74 g KH • 514 kcal • 2151 kJ • 17 g Ballaststoffe • 1 BE

Chinesischer Reistopf süßsauer

Zutaten

Für 2 Portionen

1 Paprikaschote
125 g Putenschnitzel
1 EL Rapsöl
1 Beutel Reisfertiggericht für chinesischen Reis (z. B. Uncle Ben's)
1 Scheibe Ananas (aus der Dose, ungesüßt)
50 g Mungobohnensprossen
Sojasauce
2 EL Cashewkerne

1 Paprikaschote putzen und waschen. Putenschnitzel und Paprikaschote in Streifen schneiden. Das Öl in einer Pfanne erhitzen, Putenstreifen 2 Minuten anbraten, Paprika zugeben und weitere 2 Minuten braten.

2 1/2 Liter Wasser und die Reismischung zugeben und 5 Minuten offen köcheln lassen.

3 Ananas in Stückchen schneiden, Sprossen abspülen. Beides unter das Reisgericht heben und erwärmen. Mit etwas Sojasauce abschmecken und mit gehackten Cashewkernen servieren.

Tipp Wer gern Fertiggerichte benutzt, sollte sie wie hier mit Gemüse aufpeppen. Noch besser ist es, Inulin oder Kleieflocken unterzumischen. Bei Fertiggerichten sollten Sie immer auf den Fettgehalt achten, falls er direkt angegeben ist; sonst erlaubt auch die Reihenfolge der aufgeführten Zutaten gewisse Rückschlüsse. Steht das Fett an erster oder zweiter Stelle der Liste, ist das Produkt ungünstig. Außerdem lohnt es sich, nach der Bezeichnung »Pflanzenfette, gehärtet« Ausschau zu halten. Solche Produkte sind ungeeignet für Diabetiker.

Pro Portion 24 g E • 11 g F • 76 g KH • 498 kcal • 2100 kJ • 5 g Ballaststoffe • 6 BE

Kichererbseneintopf

Zutaten

Für 2 Portionen

200 g Kartoffeln
2 Stangen Staudensellerie
1 Knoblauchzehe (eventuell Tiefkühlprodukt)
1 kleine Dose Kichererbsen (240 g Abtropfgewicht)
1/2 l Fleisch- oder Gemüsebrühe (selbst gekocht oder instant)
1 Lorbeerblatt
1 Geflügelbratwurst (100 g)
2 EL Ajvar (Paprikazubereitung im Glas)
1–2 EL Zitronensaft
4 EL gehackte Petersilie (eventuell Tiefkühlprodukt)

1 Kartoffeln schälen und in 1 Zentimeter große Würfel schneiden, Sellerie putzen und in Scheiben schneiden. Knoblauch abziehen und würfeln, Kichererbsen in einem Sieb abspülen.

2 Brühe in einem Topf aufkochen, Kichererbsen, Lorbeerblatt, Kartoffel- und Knoblauchwürfel zugeben und 10 Minuten zugedeckt garen; nach 5 Minuten den Staudensellerie zugeben.

3 In der Zwischenzeit die Bratwurst in dünne Scheiben schneiden und in einer beschichteten Pfanne ohne Zugabe von Fett knusprig braten.

4 Bratwurststückchen in den Eintopf geben und mit Ajvar und Zitronensaft würzen. Mit Petersilie bestreut servieren.

Tipp Kichererbsen gehören zu den für Diabetiker besonders günstigen Hülsenfrüchten. Wer die getrockneten Samen selbst kochen möchte, braucht etwas Geduld. Kichererbsen müssen über Nacht in kaltem Wasser einweichen. Dann mit frischem Wasser bei geringer Hitze 2–3 Stunden köcheln lassen. Nach dem Garen im Topf abkühlen und vollends ausquellen lassen.

Pro Portion 20 g E • 12 g F • 36 g KH • 340 kcal • 1415 kJ • 9 g Ballaststoffe • 1 BE

Sauerkrautbratlinge mit Kopfsalat

1 Das Sauerkraut gut abtropfen lassen und mit einem Messer klein schneiden, die Zwiebel abziehen und fein würfeln. 5 Esslöffel Wasser, Ei, Kartoffelpüreepulver und Weizenkleie verquirlen, mit Zwiebelwürfeln und Sauerkraut vermengen und mit feuchten Händen aus der Masse 6 Bratlinge formen.

2 Das Öl in einer beschichteten Pfanne erhitzen und die Bratlinge von jeder Seite etwa 4 Minuten braten.

3 Den Salat waschen, trockenschleudern und in mundgerechte Stücke zupfen. Die Buttermilch mit dem Saucenpulver verquirlen und vorsichtig über den Salat träufeln.

Zutaten

Für 2 Portionen

1 kleine Dose Sauerkraut (285 g Abtropfgewicht)
1 Zwiebel
1 Ei
5 EL Kartoffelpüreepulver (ohne Milch)
2 EL Weizenkleie
1 EL Rapsöl
1 Kopfsalat
75 ml Buttermilch
1 Beutel Saucenpulver für Salatsauce (z. B. Salatkrönung)

Pro Portion	12 g E • 10 g F • 26 g KH • 247 kcal • 1032 kJ • 14 g Ballaststoffe • 2 BE

Die Sauerkrautbratlinge sind eine echte Alternative zu den herkömmlichen Frikadellen und sind obendrein noch schnell zubereitet.

Bulgur mit Spinat und Tomaten

Zutaten

Für 2 Portionen

1 Zwiebel
1 Knoblauchzehe
1 EL Rapsöl
150 g Bulgur
300 ml Gemüsebrühe (selbst gekocht oder instant)
300 g tiefgekühlter Spinat (in Mini-Würfeln)
150 g Cocktailtomaten
Salz, Pfeffer, Koriander, Kreuzkümmel
Zitronensaft
2 EL Mandelstifte

1 Zwiebel und Knoblauchzehe abziehen und würfeln. Das Öl in einem großen Topf erhitzen, Bulgur, Zwiebel- und Knoblauchwürfel darin glasig dünsten.
2 Brühe und Spinat zugeben und zugedeckt 12 Minuten garen.
3 Die Tomaten halbieren, zugeben und das Gericht mit Salz, Pfeffer, Koriander, Kreuzkümmel und Zitronensaft würzen. Mit Mandeln bestreut servieren.

Tipp Bulgur ist mit seinem nussigen Geschmack ein arabisches Grundnahrungsmittel. Es handelt sich dabei um vorgegartes, getrocknetes Weizenschrot, das dann getrocknet, geschält und grob zerkleinert wird. Diese Getreidespezialität gibt es in Naturkostläden, Reformhäusern, türkischen Geschäften und manchmal auch im Supermarkt.

Pro Portion 14 g E • 12 g F • 57 g KH • 397 kcal • 1666 kJ • 14 g Ballaststoffe • 4,5 BE

Mandelpfannkuchen mit Kompott

Zutaten

Für 2 Portionen

100 g Weizenvollkornmehl
2 EL Weizenkleie
2 TL Inulin
2 Eier
200 ml fettarme Milch
2 EL Mandelblättchen
2 TL Rapsöl
250 g Obstkompott mit Süßstoff

1 Mehl, Weizenkleie, Inulin, Eier und Milch verquirlen und 10 Minuten ausquellen lassen. Die Mandelblättchen unterrühren.
2 1 TL Öl in einer großen Pfanne erhitzen und die Hälfte des Teiges in der Pfanne verteilen. Den Pfannkuchen von jeder Seite etwa 3 Minuten bei mittlerer Hitze backen, aus dem restlichen Teig einen weiteren Pfannkuchen backen.
3 Mit dem Obstkompott servieren.

Tipp Bei größeren Mengen die Pfannkuchen im Backofen bei 100 °C (Umluft 90 °C, Gas Stufe 1) warm halten. Dazu passt auch selbst gemachtes Apfelmus oder Rote Grütze (→ Seiten 88 und 89). Mandeln bestehen zu etwa der Hälfte aus Fett. Deshalb könnte man meinen, sie wären für kalorienbewusste Diabetiker tabu. Doch ihr Fett liefert Bestandteile, die sich positiv auf den Cholesterinspiegel auswirken. Außerdem enthalten die leckeren braunen Kerne eine Aminosäure (L-Arginin), die zur Gesunderhaltung der Gefäße beiträgt. Eine Erhöhung des Blutglukosespiegels wurde durch den Verzehr von Mandeln übrigens nicht festgestellt.

Pro Portion 20 g E • 13 g F • 49 g KH • 402 kcal • 1688 kJ • 14 g Ballaststoffe • 4 BE

ref. 071695

Grüne Frittata

Zutaten

Für 2 Portionen

1 Bund Frühlingszwiebeln
1 TL Rapsöl
150 g tiefgekühlte Erbsen
3 Eier
2 EL gehackte Petersilie (eventuell Tiefkühlprodukt)
Salz, Pfeffer, Muskatnuss
1/2 Packung Tomatenstückchen mit Knoblauch (z. B. Tomato al gusto)
1 EL tiefgekühlte 8-Kräuter-Mischung
Cayennepfeffer

1 Frühlingszwiebeln putzen und schräg in dünne Ringe schneiden.
2 Das Öl in einer großen beschichteten Pfanne erhitzen, Erbsen und Frühlingszwiebeln darin 2 Minuten andünsten.
3 Eier mit gehackter Petersilie, Salz, Pfeffer und Muskat verquirlen und über das Gemüse gießen. In der offenen Pfanne etwa 6 Minuten bei mittlerer Hitze stocken lassen.
4 Die Frittata mithilfe eines großen Tellers oder des Pfannendeckels wenden und weitere 4 Minuten garen.
5 Inzwischen die Tomatenstückchen mit Kräutern, Salz und Cayennepfeffer pikant abschmecken.
6 Die Frittata aus der Pfanne gleiten lassen und wie eine Torte klein schneiden. Den Tomatendip dazu servieren.

Tipp Dieses Rezept passt am besten dann in den Tagesplan, wenn die übrigen Mahlzeiten fettarm sind, denn es enthält etwas mehr Fett. Dafür bietet es jedoch eine gute Möglichkeit, Gemüsereste zu verwerten. Wer's scharf mag, kann den Tomatendip mit Sambal oelek scharf würzen.

Pro Portion 18 g E • 12 g F • 17 g KH • 256 kcal • 1075 kJ • 7 g Ballaststoffe • 0,5 BE

Nudeltopf mit Wirsing und Nüssen

Zutaten

Für 2 Portionen

1/2 kleiner Wirsing (400 g)
1 Beutel Nudelfertiggericht mit Pilzen (für 2 Portionen, z. B. Knorr Spaghetteria)
75 g geräucherte Putenbrust in Scheiben
2 EL Haselnüsse
1–2 TL Inulin

1 Den Wirsingkohl putzen, den Strunk herausschneiden, Blätter in Streifen schneiden und waschen. Wirsing tropfnass in einen großen Topf geben, erhitzen und zugedeckt 5 Minuten garen.
2 700 Milliliter Wasser und das Nudelfertiggericht zugeben. Gut durchrühren und offen bei geringer Hitze 5 Minuten garen, zwischendurch ein- bis zweimal umrühren.
3 Putenbrust in Streifen schneiden, Nüsse hacken. Fleisch und Inulin unter die Nudel-Wirsing-Mischung heben und mit gehackten Nüssen bestreuen.

Tipp Beim Wirsingkauf sollten Sie auf möglichst schwere, feste Köpfe achten. Herbstwirsing ist würzig und schmeckt mehr nach Kohl als der zartere Frühwirsing, den man fein geschnitten sogar als Salat essen kann. Weil häufig große Köpfe für wenig Geld angeboten werden, lohnt das Einfrieren: Dafür den Kohl zerkleinern und 3 Minuten in reichlich kochendes Salzwasser geben (blanchieren). Den Kohl in ein Sieb abgießen und in eiskaltes Wasser tauchen. Abgetropft in Beutel verpacken und einfrieren. Haltbarkeit ca. 6 Monate.

Pro Portion 24 g E • 14 g F • 49 g KH • 429 kcal • 1803 kJ • 6 g Ballaststoffe • 4 BE

Penne mit Radicchio

Zutaten

Für 2 Portionen

200 g kurze Nudeln (z. B. Penne)
Salz
1 Kopf Radicchio (150 g)
2 Zwiebeln (eventuell Tiefkühlprodukt)
1 Knoblauchzehe (eventuell Tiefkühlprodukt)
1 EL Olivenöl
Grob gemahlener Pfeffer
2 EL gehackte Walnüsse
2 EL geriebener Parmesan

1 Die Nudeln nach Packungsanweisung in reichlich Salzwasser garen.

2 Den Radicchio putzen und in Streifen schneiden. Zwiebeln abziehen und in halbe Ringe schneiden. Knoblauch abziehen und fein würfeln.

3 Das Olivenöl in einer großen beschichteten Pfanne erhitzen, Zwiebeln und Knoblauch glasig dünsten, Radicchiostreifen zugeben und zugedeckt 3 Minuten schmoren, mit Salz und Pfeffer abschmecken.

4 Die Nudeln abgießen und mit Nüssen und Parmesan zum Gemüse geben und unterheben. Sofort servieren.

Tipp An Stelle von Radicchio passen auch Rucola, Chinakohl oder Wirsing.

Pro Portion 18 g E • 18 g F • 72 g KH • 520 kcal • 2176 kJ • 7 g Ballaststoffe • 5,5 BE

Radicchio bringt Farbe in das Nudelgericht und wirkt außerdem blutreinigend und harntreibend.

Spagetti mit Blitz-Bolognese

Zutaten

Für 2 Portionen

200 g Spagetti (z. B. Soja- oder Vollkornnudeln)
Salz
1 Zwiebel (eventuell Tiefkühlprodukt)
1 Knoblauchzehe (eventuell Tiefkühlprodukt)
1 EL Olivenöl
100 g Beefsteakhack
200 g fein gewürfeltes, tiefgekühltes Gemüse (z. B. Bouillon-Gemüse)
1 Packung Tomatenstückchen mit Kräutern (370 g, z. B. Tomato al gusto)
Pfeffer
1/2 Packung tiefgekühlte, italienische Kräuter
4 EL geriebener Parmesan

1 Spagetti in kochendem Salzwasser garen. Zwiebel und Knoblauchzehe abziehen und würfeln.
2 Öl in einer Pfanne erhitzen und das Hackfleisch darin scharf anbraten.
3 Zwiebel, Knoblauch und Tiefkühlgemüse zugeben und 2 Minuten glasig dünsten. Die Tomatenstückchen zugeben und bei mittlerer Hitze etwa 10 Minuten einkochen.
4 Die Sauce mit Salz, Pfeffer und italienischen Kräutern abschmecken und mit den Nudeln anrichten. Parmesan dazu reichen.

Tipp Diese Sauce passt auch zu gegartem Getreide aus dem Vorrat, zu Reis, Couscous, einer 7-Körner-Reis-Mischung oder Bulgur. Tiefgekühlte Zwiebeln, Knoblauchstücke und gehackte Kräuter sind als Fertigprodukte für den Vorrat praktisch, wenn man es so eilig hat, dass man beim Kochen mit jeder Minute knausern muss. Sonst verwendet man besser die billigeren, frischen Zutaten. Wichtig: Die Zutaten nach dem Zerkleinern sofort verwenden, sonst verlieren sie schnell an Nährwert und Würzkraft.

Pro Portion 33 g E • 17 g F • 76 g KH • 593 kcal • 2486 kJ • 10 g Ballaststoffe • 5,5 BE

Putenschnitzel mit Nusskruste

Zutaten

Für 2 Portionen

1 Zwiebel (eventuell Tiefkühlprodukt)
1 Knoblauchzehe (eventuell Tiefkühlprodukt)
1 EL Rapsöl
300 g tiefgekühlter Spinat
2 dünne Putenschnitzel (200 g)
Salz, Pfeffer
1 kleines Ei
2 EL fein gehackte Haselnüsse
3 EL Haferflocken
1–2 EL Zitronensaft
1 kleines Vollkornbaguette

1 Zwiebel und Knoblauchzehe abziehen und würfeln. 1/2 Esslöffel Öl erhitzen, Zwiebel- und Knoblauchwürfel darin glasig dünsten und den Spinat zugeben. Zugedeckt 10 Minuten garen.
2 Die Putenschnitzel mit Salz und Pfeffer würzen. Das Ei mit 1 Esslöffel Wasser in einem tiefen Teller verquirlen, Haselnüsse und Haferflocken auf einen zweiten Teller geben. Die Putenschnitzel erst im Ei, dann in der Nuss-Haferflocken-Mischung wenden.
3 Das restliche Rapsöl in einer beschichteten Pfanne erhitzen und die beiden Putenschnitzel bei mittlerer Hitze auf jeder Seite je 3–4 Minuten goldbraun braten.
4 Den Spinat mit Salz, Pfeffer und Zitronensaft abschmecken und zu den Putenschnitzeln servieren. Das Baguette dazu reichen.

Tipp Dieses Rezept liefert eine ansehnliche Menge Eiweiß. Deshalb sollten Sie am besten zum Ausgleich als zweite »große« Mahlzeit des Tages Getreide mit Gemüse oder ein anderes vegetarisches Gericht wählen.

Pro Portion 40 g E • 18 g F • 44 g KH • 502 kcal • 2100 kJ • 8 g Ballaststoffe • 3,5 BE

Hähnchenbrust mit grünem Spargel

Zutaten

Für 2 Portionen

2 Zwiebeln (eventuell Tiefkühlprodukt)
1 Bund grüner Spargel (500 g)
2 kleine Orangen
125 g Basmatireis
Salz
2 TL helles Sesamöl
1 EL Rapsöl
1 Packung gegarte Hähnchenbrust in Scheiben (150 g, z. B. Gourmetti Filet)
Pfeffer

1 Zwiebeln abziehen und würfeln. Das untere Drittel der Spargelstangen schälen, an der Schnittstelle die Stangen etwa 1 Zentimeter abschneiden. Die Orangen auspressen. Den Basmatireis in einem Sieb so lange waschen, bis das Wasser klar bleibt.

2 Den Basmatireis in Salzwasser 10 Minuten garen und abgießen. Mit dem Sesamöl wieder in den Topf geben und zugedeckt auf der ausgeschalteten Kochstelle stehen lassen.

3 Den Spargel in kochendes Salzwasser geben und zugedeckt etwa 8–10 Minuten garen.

4 Das Rapsöl in einer Pfanne erhitzen und die Zwiebelwürfel unter Rühren glasig dünsten. Orangensaft zugießen und bei starker Hitze 3–4 Minuten einkochen. Das Hähnchenfleisch in der Sauce erwärmen.

5 Den Spargel abgießen und mit dem Basmatireis und der Hähnchenbrust in Orangensauce servieren.

Pro Portion 30 g E • 9 g F • 60 g KH • 447 kcal • 1871 kJ • 3 g Ballaststoffe • 4,5 BE

Grüner Spargel ist mittlerweile fast das ganze Jahr über erhältlich, so dass Sie dieses köstliche Gericht auch außerhalb der Spargelsaison genießen können.

Tofuschnitzel auf Currymöhren

Zutaten

Für 2 Portionen

125 g Naturreis
Salz
400 g Möhren
6 EL Gemüsebrühe
1/2 TL mildes Currypulver
200 g Tofu
Pfeffer
2 EL Sesam
1 EL Rapsöl
2 EL gehackter Koriander (oder Petersilie)
1 TL Schwarzkümmel (türkischer Laden oder Reformhaus)

1 Den Reis nach Packungsanweisung in Salzwasser garen.
2 Möhren schälen und in der Küchenmaschine oder auf einer Küchenreibe grob raspeln. Brühe, Currypulver und Möhren aufkochen und zugedeckt bei geringer Hitze 7 Minuten garen.
3 Tofu in Scheiben schneiden, mit Salz und Pfeffer würzen und im Sesam wenden, die Körner dabei fest andrücken. Das Rapsöl in einer beschichteten Pfanne erhitzen und die Tofuschnitzel von jeder Seite etwa 3 Minuten knusprig braten.
4 Koriander und Schwarzkümmel zu den Möhren geben, mit Curry abschmecken. Den Reis abgießen und mit Möhren und Tofu anrichten.

Tipp Tofu besitzt keinen ausgeprägten Eigengeschmack, deshalb ist der eiweißreiche Sojabohnenquark umso vielseitiger. Er passt in Salate und Suppen und lässt sich gut in der Pfanne anbraten.

Pro Portion 24 g E • 20 g F • 55 g KH • 500 kcal • 2090 kJ • 8 g Ballaststoffe • 4 BE

Knusperfisch mit Gemüsereis

Zutaten

Für 2 Portionen

1 Bund Frühlingszwiebeln
150 g Maiskörner (aus der Dose)
2 EL Rapsöl
250 g Rotbarschfilet
Salz, Pfeffer
1 EL Zitronensaft
2 EL Grieß
1 Beutel Reis-Fertiggericht für Tomatenreis (z. B. Uncle Ben's)
2 EL Weizenkeime
1/2 Bund gehackte Petersilie
2 Zitronenspalten

1 Frühlingszwiebeln putzen, schräg in Ringe schneiden, Mais eventuell abtropfen lassen.
2 Das Öl in einer Pfanne mit passendem Deckel erhitzen. Das Fischfilet mit Salz, Pfeffer und Zitronensaft würzen. Den Grieß auf einen flachen Teller geben und das Fischfilet darin wenden.
3 Den Fisch in das heiße Öl legen und zugedeckt 2 Minuten garen. Den Deckel abnehmen und offen von jeder Seite 3–4 Minuten knusprig braten.
4 Inzwischen 375 Milliliter Wasser und die Reismischung in einem Topf aufkochen und offen 5 Minuten köcheln. Nach 3 Minuten Frühlingszwiebeln und Mais zugeben, am Ende der Garzeit die Weizenkeime unter den Reis heben.
5 Gemüsereis und Fisch auf Tellern anrichten, den Reis mit Petersilie bestreuen, die Zitronenspalten dazulegen.

Tipp Bei dieser Zubereitung gerät das Fischfilet besonders knusprig. Wichtig ist, dass der Grieß beim Garen in der geschlossenen Pfanne ausquellen kann. Später beim offenen Braten bekommt die Kruste die richtige Festigkeit.
Die hier verwendeten Weizenkeime bieten durch ihren hohen Gehalt an Folsäure und Ballaststoffen eine gute Möglichkeit, Fertigprodukte aufzuwerten.

Pro Portion 38 g E • 17 g F • 86 g KH • 651 kcal • 2745 kJ • 7 g Ballaststoffe • 6 BE

Gebratene Makrelen mit Zwiebelgemüse

Zutaten

Für 2 Portionen

125 g Quinoa (Reformhaus)
3/8 l Gemüsebrühe (selbst gekocht oder instant)
1 Päckchen tiefgekühlte Kräuter der Provence
200 g Zwiebeln
2 säuerliche Äpfel
2 EL Rapsöl
Salz, Pfeffer
2 küchenfertige Makrelen (à 350 g)
2 EL Roggenmehl

1 Quinoa in einem Sieb abspülen und abtropfen lassen. Mit der Brühe in einen Topf geben und bei geringer Hitze 15–20 Minuten zugedeckt garen. Eventuell abgießen und abtropfen lassen. Die Kräuter unterheben.

2 Zwiebeln abziehen und in Spalten schneiden. Äpfel waschen, vierteln und das Kerngehäuse herausschneiden. Das Fruchtfleisch in Spalten schneiden. 1 Esslöffel Öl in einem Topf erhitzen. Die Zwiebeln darin hell andünsten. Im geschlossenen Topf bei milder Hitze 15 Minuten im eigenen Saft garen. Die Äpfel zufügen und 5 Minuten weiter schmoren. Mit Salz und Pfeffer kräftig würzen.

3 Die Fische waschen, trockentupfen und innen kräftig pfeffern. Roggenmehl mit 1 Teelöffel Salz mischen.

4 Das restliche Öl in einer großen Pfanne erhitzen. Die Makrelen darin von jeder Seite etwa 5 Minuten braten. Von der Kochstelle ziehen und einige Minuten ruhen lassen. Mit dem Zwiebelgemüse und Kräuterquinoa servieren.

Pro Portion 41 g E • 32 g F • 69 g KH • 730 kcal • 3062 kJ • 8 g Ballaststoffe • 5,5 BE

Mindestens einmal pro Woche sollten Sie frischen Fisch als Hauptgericht einplanen. Makrelen zählen zu den besten Fischsorten für Menschen mit Diabetes.

Weißkohl-Möhrensalat

1 Den Kohlsalat in einem Sieb abtropfen lassen.
2 Die Möhre schälen, den Apfel waschen und beides grob raspeln.
3 Apfelsaft mit Petersilie verquirlen, mit Salz, Pfeffer und Tabasco abschmecken und über die Salatzutaten gießen.

Tipp Dieser Salat enthält wenig Eiweiß und viele Kohlenhydrate. Deshalb passt er als Beilage gut zu gegrilltem Geflügel oder einem kleinen mageren Steak. Die vorhandene Marinade wird abgegossen, um Fettgehalt und Fettqualität besser »im Griff« haben zu können.

Zutaten

Für 2 Portionen

200 g Weißkohlsalat in klarer Marinade (Kühltheke)
1 große Möhre
1 kleiner Apfel
4 EL Apfelsaft
2 EL gehackte Petersilie (eventuell Tiefkühlprodukt)
Salz, Pfeffer, Tabasco

Pro Portion 2 g E • 1 g F • 23 g KH • 105 kcal • 443 kJ • 3 g Ballaststoffe • 1 BE

Hähnchensalat mit Sprossen und Erdnusssauce

1 Das Hähnchenfleisch von den Knochen ablösen und ohne Haut in mundgerechte Stücke schneiden, Sprossen abspülen und abtropfen lassen.
2 Erdnüsse, Jogurt und Sojasauce pürieren, mit den gehackten Kräutern und Inulin verrühren und mit Salz, Cayennepfeffer, Essig und Süßstoff würzen.
3 Hähnchenfleisch und Mungosprossen unterheben.

Tipp Statt Brathähnchen passt auch gegarte Hähnchenbrust in dicken Scheiben aus der Kühltheke. Für eine ausgewogene Nährstoffkombination ein Stück Roggenvollkornbrot, Buchweizen oder gekochten Weizen dazu essen.

Zutaten

Für 2 Portionen

1/2 Brathähnchen vom Grill (etwa 200 g Fleisch)
150 g Mungobohnensprossen
40 g Erdnüsse
100 g fettarmer Naturjogurt
2 EL Sojasauce
2 EL gehackter Koriander (oder Petersilie)
1 TL Inulin
Salz, Cayennepfeffer
1–2 TL Essig
Flüssiger Süßstoff

Pro Portion 39 g E • 12 g F • 6 g KH • 298 kcal • 1244 kJ • 9 g Ballaststoffe • 0 BE

FERTIGPRODUKTE »GESUND« MACHEN

Fertigprodukte sind sicher nicht so schlecht wie ihr Ruf, doch sie enthalten oft mehr Fett, weniger Ballaststoffe und weniger B-Vitamine als frische, selbst zubereitete Gerichte. Der wichtigste Nachteil lange lagerfähiger Produkte: Sie werden fast immer mit ungünstigen harten Fetten hergestellt. Auf der Zutatenliste der Verpackung findet man sie häufig als »Pflanzenöle, gehärtet« oder einfach als »Pflanzenfett«. Hartes Fett ist lange haltbar, weil es nicht so schnell ranzig wird wie Öl, aber dafür weist es einen überdurchschnittlich hohen Gehalt an gesättigten Fettsäuren auf, die den Stoffwechsel des Diabetikers belasten. Gehen Sie also bei Produkten, die monatelang haltbar sind, grundsätzlich von einer ungünstigen Fettzusammensetzung aus, und nutzen Sie zum Ausgleich bei der Zubereitung hochwertige Öle und Fette.

Meeresfrüchtesalat

Zutaten

Für 2 Portionen

1 Zwiebel (eventuell Tiefkühlprodukt)
1 Knoblauchzehe (eventuell Tiefkühlprodukt)
1/2 EL Olivenöl
6 EL Gemüsebrühe (selbst gekocht oder instant)
250 g tiefgekühlte Meeresfrüchte
1/2 rote Paprikaschote
1 Bund Rauke (80 g)
Salz, Pfeffer

1 Zwiebel und Knoblauchzehe abziehen und würfeln und im heißen Öl glasig dünsten. Gemüsebrühe zugeben und aufkochen.
2 Die tiefgekühlten Meeresfrüchte zugeben, die Kochstelle ausschalten und den Topf zugedeckt darauf stehen lassen.
3 Paprikaschote putzen und fein würfeln, Rauke waschen, trockenschütteln und in Streifen schneiden. Beides nach 10 Minuten unter die Meeresfrüchte mischen, mit Salz und Pfeffer würzen.

Tipp Der Salat sättigt nachhaltiger, wenn man beispielsweise eine Portion gegartes Getreide wie etwa Couscous oder Hirse unterhebt oder ein Stück Vollkornbrot dazu isst.

Pro Portion 20 g E • 4 g F • 7 g KH • 149 kcal • 627 kJ • 3 g Ballaststoffe • 0 BE

Hering in Gelee mit Ajvar-Remoulade

Zutaten

Für 2 Portionen

1/2 Bund Schnittlauch
1 Gewürzgurke
1 kleine Zwiebel
1 TL Inulin
2 EL Ajvar
1 EL Schmant
Salz, Pfeffer, Zitronensaft
2 Portionen Hering in Gelee
Einige Salatblätter

1 Für die Remoulade den Schnittlauch in feine Röllchen schneiden oder Tiefkühlprodukt verwenden. Die Gewürzgurke und die abgezogene Zwiebel fein würfeln. Schnittlauch, Inulin, Gurken- und Zwiebelwürfel mit Ajvar (Paprikazubereitung im Glas) und Schmant verrühren. Mit Salz, Pfeffer und Zitronensaft würzen.
2 Den Hering in Gelee auf Salatblättern anrichten, die Ajvar-Remoulade dazu reichen.

Pro Portion 14 g E • 17 g F • 5 g KH • 230 kcal • 973 kJ • 3 g Ballaststoffe • 0 BE

Heringshäckerle auf Pumpernickel

Zutaten

Für 2 Portionen

1 Beutel Saucenpulver für Salatsaucen
1 EL Rapsöl
1 Zwiebel
1 Bismarckhering (125 g)
100 g Salatgurke
1 große Gewürzgurke
2 EL Schnittlauchröllchen
12–14 Pumpernickeltaler

1 Saucenpulver mit Öl, 3 Esslöffeln Wasser und gewürfelter Zwiebel verrühren.
2 Hering, Salat- und Gewürzgurke in kleine Würfel schneiden und mit den Schnittlauchröllchen unter die Sauce heben. Das Häckerle auf den Brottalern verteilen.

Tipp Das Heringshäckerle ist ein köstlicher Snack für zwischendurch, aber auch eine säuerliche Ergänzung auf dem Büfett. Es lässt sich gut vorbereiten und einen Tag im Kühlschrank aufbewahren. Den Schnittlauch sollten Sie erst kurz vor dem Servieren zufügen.

Pro Portion 13 g E • 13 g F • 23 g KH • 263 kcal • 1102 kJ • 5 g Ballaststoffe • 2 BE

Schollenröllchen auf Zucchinigemüse

1 Den Basmatireis in einem Sieb so lange waschen, bis das Wasser klar bleibt. Reis in Salzwasser 10 Minuten garen und abgießen. Mit dem Sesamöl wieder in den Topf geben und zugedeckt auf der ausgeschalteten Kochstelle stehen lassen.
2 Die Zucchini putzen und in Scheiben schneiden. Olivenöl in einem zweiten Topf erhitzen und die Zucchini 2 Minuten dünsten. Die Brühe zugeben und die Zucchini zugedeckt 5 Minuten garen.
3 Die Schollenfilets mit der Hautseite nach oben auf ein Brett legen und der Länge nach halbieren. Mit Salz und Pfeffer würzen, mit Ajvar bestreichen und aufrollen.
4 Jogurt, Mehl und Inulin unter die Zucchini rühren. Die Schollenfilets auf dem Gemüse zugedeckt bei geringer Hitze etwa 5 Minuten im Dampf garen.
5 Reis mit Zucchini und Schollenröllchen anrichten und mit Basilikum bestreuen.

Pro Portion 31 g E • 12 g F • 58 g KH • 473 kcal • 1980 kJ • 5 g Ballaststoffe • 4,5 BE

Zutaten

Für 2 Portionen

125 g Basmatireis
Salz
1 TL Sesamöl
400 g Zucchini
1 EL Olivenöl
6 EL Gemüsebrühe (selbst gekocht oder instant)
4 Schollenfilets (etwa 250 g)
Pfeffer
2 EL Ajvar (Paprikazubereitung im Glas)
100 g fettarmer Naturjogurt
1 TL Weizenmehl
1 TL Inulin
2 EL gehacktes Basilikum (eventuell Tiefkühlprodukt)

Sardellenquark in Gurkenschiffchen

1 Sardellen und Kapern fein hacken. Frühlingszwiebeln putzen und in dünne Ringe schneiden. Quark mit Milch cremig rühren, Kräuter, Frühlingszwiebeln, Sardellen und Kapern unterheben und mit Pfeffer würzen.
2 Die Gurke schälen, längs halbieren und die Kerne mithilfe eines kleinen Löffels herausschaben. Jede Gurkenhälfte in 3 Stücke schneiden und mit dem Sardellenquark füllen. Auf einer Platte anrichten.

Pro Portion 16 g E • 1 g F • 8 g KH • 106 kcal • 443 kJ • 1 g Ballaststoffe • 0,5 BE

Zutaten

Für 2 Portionen

1 kleine Dose Sardellen
1 EL Kapern
2 Frühlingszwiebeln
150 g Buttermilch- oder Magerquark
3–5 EL fettarme Milch
2 EL tiefgekühlte, italienische Kräuter
Pfeffer
1/2 Salatgurke

HITLISTE DER GESÜNDESTEN FISCHE

Omega-3-Fettsäuren aus dem Fleisch von Hochseefischen helfen Diabetikern, den Fettstoffwechsel in der Balance zu halten. Die wertvollsten Fischsorten sind hier in absteigender Reihenfolge aufgelistet:

1. Lachs
2. Hering
3. Makrele
4. Sardelle
5. Sardine
6. Meerforelle
7. Sprotte
8. Schwertfisch
9. Thunfisch

Arme Ritter mit Kräuterquark

Zutaten

Für 2 Portionen

100 g Magerquark
100 g fettarmer Naturjogurt
2 EL tiefgekühlte Kräuter der Provence
1–2 TL grüne Pfefferkörner
1 TL Inulin
Salz, Zitronensaft
2 Eier
3 EL fettarme Milch
Pfeffer, geriebene Muskatnuss
3 große Scheiben Graubrot
3 EL gehackte Kürbiskerne
4 TL Rapsöl

1 Quark und Jogurt verrühren, Kräuter der Provence, gehackte grüne Pfefferkörner und Inulin zugeben und mit Salz und Zitronensaft würzen.

2 Eier mit Milch, Salz, Pfeffer und Muskat in einer flachen Arbeitsschale verquirlen. Die Brotscheiben entrinden und in die Eiermilch geben, so dass sie sich voll saugen können, danach in den Kürbiskernen wenden.

3 1 Esslöffel Rapsöl in einer großen beschichteten Pfanne erhitzen und die Brotscheiben darin von jeder Seite 2–3 Minuten bei mittlerer Hitze goldbraun braten; den zweiten Esslöffel Öl zufügen, wenn die Brotscheiben gewendet werden. Den Quark dazu servieren.

Tipp Wie die meisten Gerichte aus der Pfanne enthalten auch die Armen Ritter trotz sparsamer Zubereitung etwas zu viel Fett. Deshalb bei den übrigen Gerichten des Tages auf einen geringen Fettgehalt achten.

Pro Portion 22 g E • 18 g F • 37 g KH • 402 kcal • 1685 kJ • 6 g Ballaststoffe • 3 BE

Lauwarmer Porree im Schinkenmantel

Zutaten

Für 2 Portionen

3 dünne Stangen Porree (450 g)
Salz
1 EL milder Essig (z. B. Balsamicoessig)
1 EL Olivenöl
2 EL tiefgekühlte Salatkräuter
Pfeffer
6 hauchdünne Scheiben Parma- oder Serranoschinken

1 Den Porree putzen und die Stangen in je 4 Stücke schneiden. In wenig Salzwasser 5 Minuten kochen. 4 Esslöffel Kochwasser abnehmen, den Rest abgießen und den Porree auf einem Sieb abkühlen lassen.

2 Das Kochwasser mit Essig, Öl und den Kräutern verrühren und mit Pfeffer würzen.

3 Die Schinkenscheiben halbieren und je 1/2 Scheibe um 1 Porreestück wickeln. Die Porreestücke im Schinkenmantel in eine flache Schale legen und mit der Sauce begießen.

Tipp Den Porree mit Linsensalat (→ Seiten 41 und 118) oder Getreide (→ Seite 36 f.) servieren.

Pro Portion 8 g E • 8 g F • 3 g KH • 113 kcal • 470 kJ • 2 g Ballaststoffe • 0 BE

Schupfnudeln mit Mohn und Erdbeeren

Zutaten

Für 2 Portionen

1 EL Diät-Margarine
250 g Schupfnudeln (Kühltheke)
1 EL ungemahlener Mohn
1 TL Zucker
250 g Erdbeeren
1 EL Zitronensaft
2 EL gehackte Zitronenmelisse

1 Margarine in einer großen beschichteten Pfanne erhitzen und die Schupfnudeln darin bei mittlerer Hitze von allen Seiten hellbraun braten. Mohn und Zucker darüber streuen und die Schupfnudeln darin wenden.

2 Die Erdbeeren putzen, halbieren und mit Zitronensaft und Zitronenmelisse mischen. Mit den warmen Schupfnudeln servieren.

Tipp Die Schupfnudeln enthalten wenig Eiweiß. Sie ergänzen die Nährstoffbilanz ideal, wenn Sie an diesem Tag schon eine proteinreiche Mahlzeit mit Fisch oder Fleisch eingenommen haben.

Pro Portion 7 g E • 10 g F • 50 g KH • 325 kcal • 1371 kJ • 4 g Ballaststoffe • 4 BE

Diese Schupfnudeln schmecken himmlisch und sind als Fertigprodukt aus der Kühltheke in wenigen Minuten zubereitet.

Himbeer-Buttermilch-Sorbet

Zutaten

Für 2 Portionen

1/4 l Buttermilch
1 EL Zitronensaft
1/2 TL flüssiger Süßstoff
150 g tiefgekühlte Himbeeren

1 Buttermilch, Zitronensaft und Süßstoff in ein hohes Gefäß geben.
2 Einen Teil der Himbeeren zugeben und mit dem Schneidstab pürieren. Die restlichen Himbeeren nach und nach zugeben und immer wieder pürieren.
3 Das Sorbet in Dessertschälchen füllen und sofort servieren.

Tipp Das Sorbet wird nur dann perfekt, wenn die Buttermilch wirklich eiskalt ist und die Himbeeren noch nicht angetaut sind. Geben Sie die Früchte tatsächlich erst nach und nach in die Buttermilch, sonst bildet sich ein Eisklumpen, den Sie mit dem Schneidstab nicht zerschlagen können.

Pro Portion 5 g E • 1 g F • 10 g KH • 76 kcal • 320 kJ • 5 g Ballaststoffe • 1 BE

Vanillequarkcreme mit Kirschen

Zutaten

Für 2 Portionen

1 Scheibe Pumpernickel
100 g Buttermilch- oder Magerquark
1 Becher Vanillepudding mit Süßstoff
2–3 EL fettarme Milch
200 g abgetropfte Sauerkirschen mit Süßstoff (Glas)
2 TL gehackte Pistazien

1 Die Pumpernickelscheibe zerbröseln, die Brösel in einer beschichteten Pfanne ohne Fett unter Rühren knusprig rösten und zum Abkühlen auf einen flachen Teller schütten.
2 Den Quark mit Vanillepudding und Milch verrühren.
3 Kirschen, Quark und Brotbrösel abwechselnd in 2 hohe Gläser füllen, mit Pistazien bestreuen.

Pro Portion 12 g E • 4 g F • 23 g KH • 179 kcal • 753 kJ • 2 g Ballaststoffe • 2 BE

Schoko-Kokos-Quark

Zutaten

Für 3 Portionen

250 g Magerquark
1 Becher Jogurt (150 g)
4 EL fettarme Milch
1 TL Inulin
1/2 TL Kakao
1–2 EL ungesüßte Kokosmilch (Dose)
Flüssiger Süßstoff
1 TL Kokosraspel

1 Den Magerquark mit Jogurt und Milch cremig rühren. Inulin klümpchenfrei mit Kakao mischen. Kakaomischung und Kokosmilch zum Quark geben und unterrühren.
2 Die Creme mit Süßstoff abschmecken. Mit dem Pürierstab kräftig aufschäumen, dann gerät die Creme besonders locker. Mit Kokosraspeln bestreuen.

Tipp Kakao und Schokoladenpulver sind zweierlei. Guter Kakao ist tief dunkelbraun, voll im Geschmack und schwach entölt. Das heißt, er enthält neben vielen Ballaststoffen mindestens 20 Prozent der wertvollen Kakaobutter, die zum Aroma beiträgt. Schokoladenpulver dagegen besteht aus Milchpulver, Zucker und nur wenig Kakao.

Pro Portion 14 g E • 3 g F • 6 g KH • 113 kcal • 475 kJ • 2 g Ballaststoffe • 0,5 BE

Frischkäsenocken auf Pflaumensauce

1 Pflaumen abtropfen lassen, den Saft dabei auffangen. Die Früchte mit dem Schneidstab pürieren, dabei so viel Saft zufügen, dass eine Fruchtsauce entsteht. Mit Zimt abschmecken und die Sauce auf 2 tiefe Teller gießen.
2 Frischkäse mit Molkepulver, Zitronensaft und -schale verrühren und mit etwas Süßstoff abschmecken.
3 Mit 2 Esslöffeln Nocken aus der Frischkäsemasse abstechen und auf die Pflaumensauce setzen. Mit Haselnussblättchen bestreut servieren.

Tipp Das zugefügte Molkepulver macht den Hüttenkäse cremiger. Molkepulver ist in jedem Reformhaus und Naturkostladen erhältlich.

Zutaten

Für 2 Portionen

250 g Pflaumen mit Süßstoff (Glas)
Zimt
200 g körniger Frischkäse (0,5 oder 0,8% Fett)
1 EL Molkepulver
Saft und Schale von 1/2 unbehandelten Zitrone
Flüssiger Süßstoff
2 EL Haselnussblättchen

Pro Portion 16 g E • 7 g F • 16 g KH • 196 kcal • 826 kJ • 1 g Ballaststoffe • 1 BE

Obstsalat mit Jogurtsauce

1 Pfirsiche waschen und in Spalten vom Stein schneiden. Himbeeren und Stachelbeeren verlesen und mit den Pfirsichspalten auf 2 Teller verteilen. Mit Zitronensaft beträufeln.
2 Banane, Jogurt und Milch mit dem Schneidstab pürieren, mit Süßstoff und Zitronenschale abschmecken und über das Obst geben. Mit Pistazien bestreut servieren.

Tipp Sie können auch Beerenmischungen oder Obstsalate aus der Tiefkühltruhe verwenden, wenn Sie sie rechtzeitig auftauen. Mancher Supermarkt bietet auch geputztes und geschnittenes Obst in der Kühltheke an. Übrigens: Menschen, die pure Milch nicht gut vertragen, kommen mit fermentierten Milchprodukten wie Jogurt und Kefir fast immer problemlos zurecht. Im Kühlregal der Supermärkte gibt es reichlich Auswahl an Sauermilchprodukten, die sich »probiotisch« nennen. Die enthaltenen Spezialkulturen, so behaupten die Hersteller, seien besonders heilkräftig, weil sie den Weg durch den Verdauungstrakt lebend überstehen, um im Dickdarm zu wirken. Tatsächlich haben Wissenschaftler nützliche Effekte nachgewiesen. Früchte sind günstig für Menschen die unter erhöhtem Blutdruck leiden. Durch den hohen Kaliumgehalt helfen Pfirsiche, Himbeeren und Stachelbeeren, überschüssiges Wasser auszuschwemmen und können auf diese Weise dazu beitragen, den Blutdruck zu senken.

Zutaten

Für 2 Portionen

2 Pfirsiche
100 g Himbeeren
100 g Stachelbeeren
Saft und Schale von 1/2 unbehandelten Zitrone
1 kleine Banane
150 g fettarmer Naturjogurt
6 EL fettarme Milch
Flüssiger Süßstoff
1 EL gehackte Pistazien

Pro Portion 7 g E • 5 g F • 34 g KH • 216 kcal • 910 kJ • 8 g Ballaststoffe • 3 BE

Die Klassischen

Wir alle lieben sie, die vertrauten Alltagsgerichte, die wir von Kindesbeinen an kennen. Sie wärmen von innen, trösten und heben die Stimmung. Soulfood nennen Amerikaner solche überaus beliebten Spezialitäten. Ganz gleich, ob Sie für Kartoffelsalat schwärmen oder alles andere stehen lassen, wenn es Rotkohl gibt, ob Sie für Rindsrouladen durchs Feuer gehen oder liebend gern Frikadellen essen: Nichts ist verboten. In diesem Kapitel sind die beliebtesten Retro-Rezepte versammelt, die diabetesgerecht auf leichte Art zubereitet werden und wichtige Nährstoffe liefern.

Kartoffelsalat mit Dill

Zutaten

Für 6 Portionen

1 kg Kartoffeln (fest kochende Sorte, z. B. Bio-Linda)
Salz
2 Zwiebeln
1 Knoblauchzehe
1/8–1/4 l Brühe (selbst gekocht oder instant)
3–5 EL Weinessig
1 Sardellenfilet
2 EL Rapsöl
2 EL gehackter Dill
1 EL Sonnenblumenkerne
Pfeffer

1 Die Kartoffeln waschen und in Salzwasser 20 Minuten kochen. Abgießen, mit kaltem Wasser übergießen und kurz stehen lassen, damit sich die Schale leichter ablösen lässt. Noch heiß pellen und in Scheiben schneiden.
2 Zwiebeln und Knoblauchzehe abziehen und fein würfeln.
3 Die Hälfte der Brühe mit dem Essig erhitzen, Knoblauch und Zwiebeln darin aufkochen. Die Mischung über die Kartoffeln gießen und einige Minuten stehen lassen. Falls alle Flüssigkeit aufgenommen wurde, noch etwas Brühe nachgießen.
4 Sardellenfilet fein zerdrücken und mit dem Öl so vorsichtig untermischen, dass die Kartoffelscheiben heil bleiben. Dill und Sonnenblumenkerne unterheben. Mit Essig, Salz und Pfeffer nachwürzen und den Salat sofort lauwarm servieren.

Tipp Je nach Kartoffelsorte nimmt der Salat mehr oder weniger Flüssigkeit auf. Gerät er zu fest, kurz vor dem Servieren noch etwas heiße Brühe untermischen. Abwandlungen: 250 Gramm gewürfelte Tomaten und 1/2 gewürfelte Salatgurke unter den fertigen Kartoffelsalat mischen, anstelle des Öls eine Mischung aus 1 gehäuften Esslöffel Mayonnaise und 1 Becher fettarmem Naturjogurt unter den Salat heben, anstelle von Dill Kerbel oder Liebstöckel verwenden. Kurz vor dem Servieren mit abgeschnittener Kresse bestreuen. Der Salat wird sättigender, wenn man zwei hart gekochte, gewürfelte Eier untermischt.

Pro Portion 3 g E • 4 g F • 17 g KH • 123 kcal • 506 kJ • 3 g Ballaststoffe • 1,5 BE

Nudelsalat mit Kräutern und Tomaten

Zutaten

Für 4 Portionen

200 g kurze Vollkornnudeln
Salz
2 EL Olivenöl
500 g Kirschtomaten
150 g Tofu
2 EL Salatcreme
2 EL Milch
1 Becher fettarmer Naturjogurt (150 g)
Flüssiger Süßstoff
Cayennepfeffer
Einige Spritzer Essig oder Zitronensaft
2 EL Maiskörner (aus der Dose)
2 EL fein geschnittenes Basilikum
2 EL Schnittlauchröllchen

1 Nudeln in Salzwasser gut bissfest kochen. Abgießen und abgetropft mit dem Öl mischen.
2 Die Tomaten halbieren. Den abgetropften Tofu würfeln.
3 Salatcreme mit Milch und Jogurt verrühren. Mit Süßstoff, Salz und Cayennepfeffer kräftig würzen. Mit Essig oder Zitronensaft abschmecken.
4 Nudeln, Tomaten, Tofu, Maiskörner, Basilikum und Schnittlauch in einer Schüssel mischen. Die Salatcrememischung darüber geben, durchmischen. Den Salat sofort servieren.

Tipp Nudelsalate sollte man nicht lange stehen lassen, sonst quellen die Nudeln, und der Salat wird zu fest.

Pro Portion 16 g E • 13 g F • 43 g KH • 357 kcal • 1496 kJ • 4 g Ballaststoffe • 3 BE

Geflügelsalat mit Obst

Zutaten

Für 4 Portionen

1 fertig gebratenes Hähnchen
3 Kiwis
2 Orangen
2 EL Kalbs- oder Geflügelfond
1–2 EL Zitronensaft
Salz, Pfeffer
3 EL Rapsöl
2 EL gehackte Petersilie (eventuell auch Rucola oder Koriander)

1 Das Hähnchenfleisch von Haut und Knochen lösen und in mundgerechte Stücke schneiden.

2 Die Kiwis schälen und in Scheiben schneiden. Die Orangen wie einen Apfel schälen und die Filets mit einem Messer herausschneiden. Den austretenden Saft auffangen.

3 Den Orangensaft mit dem Fond und Zitronensaft mischen. Mit Salz und Pfeffer würzen, das Öl mit einer Gabel unterschlagen.

4 Hähnchenfleisch, Kiwischeiben und Orangenfilets unter die Sauce heben und mindestens 15 Minuten durchziehen lassen.

5 Mit Petersilie bestreut servieren.

Tipp Wenn Sie noch Couscous-, Bulgur- oder Reisreste übrig haben, mischen Sie diese einfach mit unter den Salat. Wenn Sie sich die Mühe machen möchten, kochen Sie das Hähnchen selbst: Einfach mit Suppengrün in einem Topf mit kaltem Wasser aufsetzen, langsam zum Kochen bringen und etwa 1 Stunde bei milder Hitze köcheln lassen. Übrig bleibt eine köstliche Hühnerbrühe.

Pro Portion 38 g E • 9 g F • 9 g KH • 273 kcal • 1144 kJ • 3 g Ballaststoffe • 0,5 BE

Spargelsalat mit Räucherlachs

Zutaten

Für 4 Portionen

750 g Spargel
Salz
10 g Butter
1 Prise Zucker
3 EL grober Senf
1 TL flüssiger Honig
3 EL Weißweinessig
2 EL Rapsöl
4 EL gehackter Dill
Pfeffer
Flüssiger Süßstoff
150 g Räucherlachs
Einige Dillzweige
4 Scheiben Mischbrot (Graubrot)

1 Den Spargel waschen, schälen und die Stangen in drei bis vier Stücke schneiden. Den Spargel in Salzwasser mit Butter und Zucker in 10–12 Minuten bissfest garen. Abgießen und etwas abkühlen lassen.

2 Den Senf mit Honig und Essig verrühren, das Öl tropfenweise unterschlagen. Den Dill unterrühren und die Sauce mit Salz, Pfeffer und eventuell flüssigem Süßstoff würzen.

3 Räucherlachs in Streifen schneiden und mit dem lauwarmen Spargel auf einer Salatplatte anrichten. Etwas Sauce darüber träufeln und mit Dillzweigen garnieren.

4 Das Brot toasten und mit dem Rest der Sauce zum Salat reichen.

Tipp Die Sauce passt ideal zum schwedischen Nationalgericht Gravad Lachs. Für diese Spezialität rohen Lachs mit Salz, etwas Zucker und Pfeffer einreiben und einige Tage durchziehen lassen. Es gibt ihn auch fertig verpackt zu kaufen. Mit Pellkartoffeln, einem grünen Salat und der Senfsauce dazu, gelingt so schnell ein feines Gericht.

Pro Portion 13 g E • 9 g F • 21 g KH • 219 kcal • 923 kJ • 4 g Ballaststoffe • 1,5 BE

Waldorfsalat

Zutaten

Für 4 Portionen

400 g säuerliche Äpfel
300 g Knollensellerie
2 EL Zitronensaft
30 g Walnusskerne
100 g fettarmer Naturjogurt
50 g Sauerrahm
Salz, Pfeffer
Flüssiger Süßstoff

1 Äpfel und Sellerie schälen. Die Äpfel grob, den Sellerie fein raspeln. Die Raspel sofort mit Zitronensaft beträufeln, damit sie nicht braun anlaufen.
2 Die Nüsse grob hacken und zufügen.
3 Jogurt und Sauerrahm verrühren und mit Salz, Pfeffer und etwas Süßstoff abschmecken.
4 Joghurtsauce mit Nüssen, Sellerie- und Apfelraspeln mischen und den Salat mindestens 30 Minuten durchziehen lassen. Eventuell noch einmal abschmecken.

Tipp Erfunden wurde der berühmte Waldorfsalat von Oskar Tschirky, dem ersten Küchenchef des luxuriösen Hotels Waldorf Astoria in New York in den dreißiger Jahren des letzten Jahrhunderts. Ursprünglich bestand der Salat aus geschnittenen Äpfeln, Sellerie, Mayonnaise und zarten Salatblättern. Die Walnüsse kamen erst dazu, als begeisterte Genießer das Rezept abwandelten. Heute findet man Hunderte von Rezepten mit dem berühmten Namen. Es lohnt deshalb auch, die fettarme Variante einmal zu probieren.

Pro Portion 3 g E • 7 g F • 14 g KH • 132 kcal • 552 kJ • 4 g Ballaststoffe • 1 BE

Rohkostsalat mit Knoblauchdressing

Zutaten

Für 4 Portionen

250 g Möhren
1 Kohlrabi
1/2 kleiner Blumenkohl
2 dünne Stangen Porree
1 kleiner Kopf Römersalat
2 EL Weißweinessig
3–4 EL Gemüsebrühe (selbst gekocht oder instant)
Salz, Pfeffer
1–2 Knoblauchzehen
2 EL Olivenöl

1 Das Gemüse waschen, putzen und abtropfen lassen.
2 Möhren und Kohlrabi grob raspeln. Den Blumenkohl in kleine Röschen teilen, vom Porree nur die hellen Teile in feine Ringe schneiden. Den Römersalat putzen, waschen und in feine Streifen schneiden. Alle Zutaten in einer Schüssel mischen.
3 Essig und Brühe verrühren, mit Salz, Pfeffer und dem zerdrückten Knoblauch würzen. Das Öl unterschlagen.
4 Die Sauce über den Salat geben und 30 Minuten durchziehen lassen.

Tipp Wer aus Zeitgründen hin und wieder gern ein fertiges Salatdressing in der Flasche kauft, kann leicht an echte Kalorienbomben geraten. Wird jedoch auf dem Etikett damit geworben, dass es sich um eine fettarme Salatsauce handelt, muss der Hersteller Fettgehalt und Kalorienmenge auf der Packung genau angeben. Außerdem sind Trockendressings praktisch, die es in kleinen Tüten zu kaufen gibt. Hier kann man beim Anrühren das Öl selbst zufügen und dabei entscheiden, wie viel Öl man nimmt und welche Sorte man verwendet.

Pro Portion 3 g E • 7 g F • 14 g KH • 132 kcal • 552 kJ • 4 g Ballaststoffe • 1 BE

Nizzasalat

Zutaten

Für 4 Portionen

500 g Tomaten
2 Paprikaschoten
1/2 Salatgurke
300 g grüne Bohnen
1 Zwiebel
1 Knoblauchzehe
Salz
2 Eier
2 EL Weinessig
5 EL Gemüsebrühe (selbst gekocht oder instant)
2 EL Olivenöl
1 Msp. Senf
Pfeffer
1 kleine Dose Sardellen/Anchovis (40 g Abtropfgewicht)
40 g schwarze Oliven

1 Das Gemüse waschen, putzen und in mundgerechte Stücke schneiden. Zwiebel und Knoblauchzehe abziehen, die Zwiebel in feine Ringe schneiden, die Knoblauchzehe halbieren. Bohnen in kochendem Salzwasser 10 Minuten garen, abschrecken und abtropfen lassen.

2 Eier hart kochen, abkühlen lassen, pellen und vierteln.

3 Essig, Gemüsebrühe und Öl verquirlen und mit Senf, Salz und Pfeffer würzen. Eine Salatschüssel mit den halbierten Knoblauchzehen ausreiben und das Gemüse und die Sauce darin vorsichtig mischen.

4 Die Sardellenfilets, schwarze Oliven und Eiviertel auf den Salat geben und sofort servieren.

Pro Portion 10 g E • 13 g F • 9 g KH • 192 kcal • 806 kJ • 6 g Ballaststoffe • 0 BE

Dieser klassische Nizzasalat ist – zugegeben – etwas fett, deshalb ergänzt man ihn am besten mit fettarmen Beilagen, wie einer Portion Bulgur oder Couscous.

Erbsensuppe

1 Die getrockneten Erbsen am Vorabend in etwa 1 Liter kaltem Wasser einweichen.
2 Am nächsten Tag Suppengrün putzen und würfeln. Das Rapsöl in einem Topf erhitzen, Suppengrün darin kurz anbraten, die abgetropften Erbsen dazugeben. Fleisch- oder Gemüsebrühe dazugießen und die Suppe etwa 90 Minuten bei geringer Hitze im geschlossenen Topf köcheln lassen. Inzwischen die Kartoffeln schälen, würfeln und in die Suppe geben. Etwa 20 Minuten mitkochen.
3 Sind die Erbsen gar, die Hälfte der Suppe im Mixer oder mit dem Schneidstab pürieren. Zurück in den Topf zur restlichen Suppe geben. Schinkenwürfel zufügen und einmal aufkochen. Die Suppe mit Salz und Pfeffer abschmecken.

Tipp Es macht kaum mehr Mühe, eine doppelte Portion Erbsensuppe zu kochen und portionsweise einzufrieren. Nennenswerte Nährstoffverluste gibt es dabei nicht, und Sie haben eine schnelle, vollwertige Mahlzeit parat.

Zutaten

Für 4 Portionen

200 g getrocknete Erbsen, ungeschält
1 Bund Suppengrün
1 EL Rapsöl
2 l Fleisch- oder Gemüsebrühe (selbst gekocht oder instant)
500 g Kartoffeln
30 g magere Schinkenwürfel
Salz, Pfeffer

Pro Portion 18 g E • 6 g F • 37 g KH • 280 kcal • 1170 kJ • 13 g Ballaststoffe • 2 BE

Linseneintopf

1 Linsen 2 Stunden in kaltem Wasser einweichen. In ein Sieb abgießen. In reichlich Wasser ohne Salz knapp gar kochen, das dauert je nach Sorte 15–20 Minuten. Erneut abgießen und in einem Sieb abtropfen lassen.
2 Knollensellerie schälen und in der Küchenmaschine raspeln. Zwiebeln und Knoblauch abziehen und würfeln. Die frische Chilischote der Länge nach aufschneiden, die Kerne entfernen und die Schote fein hacken.
3 Das Rapsöl in einem Topf erhitzen. Die gewürfelten Zwiebeln, Knoblauch, Petersilie, gehackte Chilischote und geraspelten Sellerie 5 Minuten bei kleiner Hitze dünsten.
4 Linsen, Tomaten mit der Flüssigkeit, Brühe und fein zerriebenen Thymian zufügen. 15 Minuten bei kleiner Hitze garen. Mit wenig Salz und reichlich Pfeffer abschmecken.

Tipp Wer nicht gern scharf isst, lässt den Chili weg und würzt vielleicht mit frischen Thymianblättchen oder mit einem guten Essig wie etwa Aceto balsamico oder Sherryessig.

Zutaten

Für 4 Portionen

300 g Linsen
200 g Knollensellerie
2 Zwiebeln
1 Knoblauchzehe
1 kleine Chilischote
2 EL Rapsöl
1 EL gehackte Petersilie
1 große Dose Tomaten (800 g)
1/4 l Fleischbrühe (selbst gekocht oder instant)
1/2 TL getrockneter Thymian
Salz, Pfeffer

Pro Portion 20 g E • 6 g F • 42 g KH • 310 kcal • 1298 kJ • 11 g Ballaststoffe • 1,5 BE

Zwiebelsuppe

Zutaten

Für 4 Portionen

500 g braune Zwiebeln
200 g rote Zwiebeln
1 Knoblauchzehe
1 Stück Ingwer (etwa walnussgroß)
1 EL Rapsöl
1 TL Speisestärke
1 Messerspitze Kurkuma (Gelbwurz)
2 EL Weißweinessig
100 ml trockener Weißwein
1 l gute Fleischbrühe (eventuell auch 1/2 l Instantbrühe und 1/2 l Fond)
2 EL trockener Wermut (z. B. Nouilly prat)
Salz, Pfeffer

1 Beide Zwiebelsorten abziehen und in Ringe schneiden. Knoblauchzehe abziehen und durch die Presse drücken. Ingwer mit dem Sparschäler schälen und fein hacken.

2 Öl in einem beschichteten Topf erhitzen, Zwiebelringe mit Stärke bestäuben und im Öl unter häufigem Wenden anbraten. Knoblauch, Ingwer und Kurkuma zufügen und kurz mitdünsten. Essig, Weißwein, Brühe und eventuell Fond zugießen und aufkochen.

3 Die Suppe zugedeckt bei geringer Hitze 15 Minuten köcheln lassen. Mit Wermut, Salz und Pfeffer abschmecken und servieren.

Tipp Größere Mengen Zwiebeln lassen sich ohne Tränen abziehen, wenn man sie für eine Minute in kochendes Wasser gibt. Nach dem Abkühlen die Schale einritzen und die Zwiebeln herausdrücken. Wer es lieber etwas milder mag, nimmt anstelle der schärferen Haushaltszwiebeln dicke Gemüsezwiebeln für die Suppe und bestreut diese vor dem Auftragen mit dem frischen Grün einer fein geschnittenen Lauchzwiebel.

Pro Portion 3 g E • 3 g F • 10 g KH • 90 kcal • 377 kJ • 3 g Ballaststoffe • 0 BE

Kohlsuppe mit buntem Gemüse

Zutaten

Für 4 Portionen

1/2 Weißkohl (500 g)
1/2 Chinakohl (ca. 700 g)
200 g breite Bohnen (Schnittbohnen)
2 Möhren
3 Kartoffeln
2 Zwiebeln
1 Knoblauchzehe
1 l Fleisch- oder Gemüsebrühe (selbst gekocht oder instant)
2 EL Olivenöl
Salz, Pfeffer
2 EL gehackte Petersilie

1 Beide Kohlsorten, Bohnen, Möhren und Kartoffeln putzen, waschen und klein schneiden. Zwiebeln und Knoblauchzehe abziehen und würfeln.

2 Brühe zum Kochen bringen. In einem anderen großen Topf das Olivenöl erhitzen, Zwiebelwürfel goldbraun darin andünsten. Gemüse- und Kartoffelwürfel dazugeben und einige Minuten mitschmoren lassen.

3 Gemüse mit der Brühe bedecken. Mit Salz und Pfeffer würzen, 30 Minuten garen. Suppe vor dem Servieren mit gehackter Petersilie bestreuen.

Variante Probieren Sie auch einmal folgende Variante: 1 Lorbeerblatt und 5–6 Wacholderbeeren mitkochen. 100 Gramm rohes Sauerkraut klein schneiden und zum Schluss unter die Gemüsesuppe mischen. Dann aber nur 500 Gramm Chinakohl verwenden. Experten konnten übrigens zeigen, dass Suppen mit größeren Gemüsestücken länger sättigen, als eine fein pürierte Suppe aus denselben Zutaten. Der Grund: Bei einer Suppe mit Stückchen wird der Magen mehr gedehnt und entleert sich langsamer.

Pro Portion 5 g E • 6 g F • 12 g KH • 125 kcal • 524 kJ • 7 g Ballaststoffe • 0,5 BE

Kartoffelsuppe mit gebratenem Radicchio

Zutaten

Für 4 Portionen

- 600 g Kartoffeln (eine mehlig kochende Sorte)
- 1 Apfel
- 150 g Zwiebeln
- 1,2 l Fleisch- oder Gemüsebrühe (selbst gekocht oder instant)
- 2 Lorbeerblätter
- Salz, Pfeffer
- 1 großer Kopf Radicchio
- 1 EL Rapsöl
- 150 g geräucherte Pfeffermakrele

1 Kartoffeln und Apfel schälen, Zwiebeln abziehen und alles würfeln. Zusammen mit der Brühe und den Lorbeerblättern 20 Minuten bei mittlerer Hitze zugedeckt kochen. Die Lorbeerblätter herausnehmen und die Suppe im Mixer oder mit dem Schneidstab pürieren. Mit Salz und Pfeffer würzen.

2 In der Zwischenzeit den Radicchio putzen, waschen und in Streifen schneiden. Rapsöl in einer Pfanne erhitzen und die Radicchiostreifen darin 5 Minuten anbraten.

3 Die Pfeffermakrele in Streifen schneiden und mit dem Radicchio in der Kartoffelsuppe servieren.

Pro Portion 12 g E • 8 g F • 22 g KH • 208 kcal • 872 kJ • 4 g Ballaststoffe • 1,5 BE

Die kräftige Kartoffelsuppe wärmt von innen. Variieren Sie das Rezept, indem Sie statt der Pfeffermakrele auch einmal Krabben oder Räucherlachsstreifen als Einlage servieren.

Rotkohl

Zutaten

Für 4–6 Portionen

1,2 kg Rotkohl
250 g Zwiebeln
20 g Gänseschmalz oder
2 EL Rapsöl
2 unbehandelte Zitronen
2 Lorbeerblätter
2 Gewürznelken
3 Pimentkörner
Salz
1/8 l Kalbsfond (Glas)
Flüssiger Süßstoff

1 Den Rotkohl hobeln oder in feine Streifen schneiden. Zwiebeln abziehen, würfeln, in heißem Schmalz oder Öl in einem Topf hell andünsten.

2 Den Rotkohl und den Saft von 1 Zitrone zufügen. Die Schale der Zitrone hauchdünn abschälen und ebenfalls dazugeben.

3 Das Gemüse mit Lorbeer, Nelken, Piment und Salz würzen, den Fond darüber gießen.

4 Den Kohl zugedeckt bei milder Hitze 1 Stunde garen. Die zweite Zitrone auspressen. Mit Salz, Zitronensaft und Süßstoff nachwürzen.

Tipp Rotkohl können Sie gut bereits einen Tag im Voraus zubereiten, denn er lässt sich ohne große Nährstoffverluste aufwärmen. Als weitere Beilage zum Rotkohl sollten Sie statt der üblichen Kartoffelknödel einmal Hirseklöße zum Rotkohl probieren: 100 Gramm Hirse in Salzwasser oder Brühe etwa 20 Minuten garen und abtropfen lassen. Mit den Würfelchen von 1 Zwiebel, 2 Esslöffeln gehackter Petersilie, 100 Gramm Weizenvollkornmehl, 100 Gramm Magerquark und 1 Ei zu einem Kloßteig vermischen. In einem großen Topf Salzwasser aufkochen, mit den Händen 8 Knödel formen und im Salzwasser etwa 20 Minuten bei schwacher Hitze ziehen lassen. Für diese Knödel können Sie auch jedes andere Getreide verwenden – schneller geht's natürlich, wenn Sie gekochtes Getreide im Kühlschrank vorrätig haben.

Pro Portion (bei 6 Port.) 2 g E • 4 g F • 8 g KH • 76 kcal • 316 kJ • 4 g Ballaststoffe • 0 BE

Sauerkraut

Zutaten

Für 4–6 Portionen

400 g Zwiebeln
20 g Gänseschmalz oder
2 EL Rapsöl
1 kg frisches Sauerkraut
150 ml Fleischbrühe (selbst gekocht oder instant)
2 Lorbeerblätter
3 Wacholderbeeren
3 Pfefferkörner
1 Kartoffel
Salz, flüssiger Süßstoff

1 Zwiebeln abziehen und in Scheiben schneiden. Das Schmalz oder das Öl in einem Topf erhitzen und die Zwiebeln darin bei geringer Hitze glasig dünsten.

2 Das Sauerkraut zufügen und unter Wenden kurz weiterdünsten. Fleischbrühe zugießen. Lorbeerblätter, zerdrückte Wacholderbeeren und Pfefferkörner zum Kraut geben.

3 Das Kraut im geschlossenen Topf nach Geschmack 20–30 Minuten bei mittlerer Hitze schmoren. Nicht länger, weil sonst die Nährstoffe verloren gehen. Die Kartoffel schälen, 5 Minuten vor Ende der Garzeit roh in das Kraut reiben, damit die Flüssigkeit gebunden wird.

4 Das Sauerkraut mit Salz und etwas Süßstoff abschmecken.

Pro Portion (bei 6 Port.) 3 g E • 4 g F • 5 g KH • 79 kcal • 326 kJ • 7 g Ballaststoffe • 0 BE

Grünkohl mit Schalotten und Maronen

Zutaten

Für 4–6 Portionen

- 1 kg Grünkohl
- Salz
- 500 g Schalotten
- 20 g Gänseschmalz oder
- 2 EL Rapsöl
- 400 ml Fleisch- oder Gemüsebrühe (selbst gekocht oder instant)
- 250 g Maronen (fertig gegart, vakuumverpackt oder aus der Dose)
- Pfeffer, Muskatnuss

1 Die Grünkohlblätter von den harten Rippen streifen, gründlich waschen und grob hacken. In kochendem Salzwasser 10 Minuten garen, abgießen und abtropfen lassen. Die Schalotten abziehen und vierteln.

2 Gänseschmalz oder Öl in einem ausreichend großen Topf erhitzen und die Schalotten darin glasig dünsten. Grünkohl und Brühe zugeben und den Kohl zugedeckt 45 Minuten bei mittlerer Hitze garen.

3 Nach 40 Minuten die Maronen zugeben und erhitzen.

4 Den Grünkohl mit Salz, Pfeffer und Muskat würzen.

Tipp Grünkohl ist ein beliebtes Wintergemüse und hält sogar Temperaturen bis –15 °C stand. Wie alle anderen Sorten Kohl kann man auch Grünkohl problemlos aufwärmen.
Probieren Sie zur Abwechslung Grünkohl auch mal mit mageren Speckwürfelchen und getrockneten Steinpilzen, mit Apfel-, Orangen- oder Grapefruitstückchen und Meerrettich oder mit Curry und Ingwer abgeschmeckt.

Pro Portion (bei 6 Port.) 4 g E • 5 g F • 19 g KH • 140 kcal • 585 kJ • 7 g Ballaststoffe • 1 BE

Mangold-Tomaten-Gemüse

Zutaten

Für 4 Portionen

- 800 g Mangold
- 2 Zwiebeln
- 1 Knoblauchzehe
- 400 g Tomaten
- 1 EL Olivenöl
- 1/8 l Brühe
- Salz, Pfeffer
- 1 EL Sesam oder Schwarzkümmel (türkischer Laden oder Reformhaus)

1 Den Mangold putzen und waschen. Die Blätter von den Stielen streifen und hacken, die Stiele in Streifen schneiden. Zwiebeln und Knoblauchzehe abziehen und fein würfeln, die Tomaten waschen, Stielansätze entfernen und in Spalten schneiden.

2 Das Öl in einem Topf erhitzen, Zwiebel- und Knoblauchwürfel darin glasig dünsten. Mangoldstiele und Brühe zugeben und zugedeckt bei mittlerer Hitze 10 Minuten garen. Tomaten und Mangoldblätter zugeben und 3–5 Minuten mitgaren.

3 Das Gemüse mit Salz und Pfeffer würzen und mit Sesam oder Schwarzkümmel bestreut servieren.

4 Dazu passt eine Portion Buchweizen und ein wachsweich gekochtes Ei.

Tipp Probieren Sie Mangold mit Zwiebeln und magerem Katenschinken gedünstet zu Spagetti oder mit einer leichten Senfsauce (Rezept »Helle Sauce für alle Fälle« → Seite 29) zu gebratenem oder gedünstetem Fisch oder servieren Sie ihn mit Tomatensauce zu Couscous oder Bulgur.

Pro Portion 4 g E • 4 g F • 7 g KH • 90 kcal • 377 kJ • 5 g Ballaststoffe • 0 BE

Limetten-Rosenkohl

Zutaten

Für 4 Portionen

1,2 kg Rosenkohl
Salz, Muskatnuss
Saft und Schale von 1/2 Limette
1 Bund gehackte Petersilie
1 EL grob gehackte Haselnüsse

1 Rosenkohl putzen, die Stielansätze kreuzweise einschneiden. Rosenkohl in wenig kochendem Salzwasser 12–15 Minuten garen.

2 Den Rosenkohl mit Muskat und Limettensaft abschmecken. Abgeriebene Limettenschale, Petersilie und Nüsse mischen und über den Rosenkohl streuen.

Tipp Bio-Rosenkohl entwickelt beim Kochen deutlich weniger Kohlgeruch, weil er nicht so stark gedüngt wurde.

Pro Portion 9 g E • 2 g F • 8 g KH • 89 kcal • 375 kJ • 8 g Ballaststoffe • 0 BE

Steckrüben-Frühlingszwiebel-Gemüse

Zutaten

Für 4 Portionen

1 kg Steckrüben
2 Bund Frühlingszwiebeln
2 EL Rapsöl
2 TL Currypulver (mild oder scharf, nach Geschmack)
150 ml Fleisch- oder Gemüsebrühe (selbst gekocht oder instant)
Salz, Cayennepfeffer
Flüssiger Süßstoff
1/2 Bund gehackter Koriander

1 Die Steckrüben schälen und in mundgerechte Würfel schneiden. Frühlingszwiebeln putzen und schräg in 2 Zentimeter lange Stücke schneiden.

2 Öl in einem Topf erhitzen, die Steckrübenwürfel darin andünsten. Das Currypulver dazugeben und kurz mitdünsten. Die Brühe zugießen und die Steckrüben zugedeckt bei mittlerer Hitze 30 Minuten garen, für die letzten 3 Minuten die Frühlingszwiebeln mitgaren.

3 Das Gemüse mit Salz, Cayennepfeffer und Süßstoff würzen und mit Koriander bestreut servieren.

Tipp Wer es traditionell liebt, würzt die Steckrüben mit Lorbeer und streut am Ende reichlich gehackte Petersilie über das Gemüse. Eine scharfe Note erhalten die Steckrüben, wenn sie mit Ingwer, Zitronengras und Pfefferschoten gewürzt werden.

Pro Portion 3 g E • 3 g F • 14 g KH • 98 kcal • 408 kJ • 6 g Ballaststoffe • 0 BE

FÜNFMAL TÄGLICH BUNTES

Amerikanische Ernährungsexperten waren schon immer gut für griffige Ratschläge. »Five a day«, also »Fünfmal täglich«, empfehlen sie, sollten Gemüse und Obst über den Tag verteilt auf dem Teller sein. Alle großen europäischen Ernährungsorganisationen sind auf diesen Slogan eingestiegen. Auch wenn man es vielleicht nicht auf Anhieb schafft, so viel Früchte, Salate und Gemüse in seinen Speisezettel einzubauen: Nicht aufgeben! Hier bietet sich vielleicht die leckerste und angenehmste Art, ungünstige Lebensmittel an den »Tellerrand« zu drängen.

Seelachs mit Fenchel

Zutaten

Für 2 Portionen

2 dünne Seelachsfilets, à 150 g
2 EL Zitronensaft
Salz, Pfeffer
1 Knolle Fenchel (300 g)
Fett für die Form
1 EL Haferflocken
20 g Diät-Margarine
2 EL Sauerrahm (15 % Fett; z. B. Crème légère)

1 Den Fisch mit etwas Zitronensaft beträufeln, mit Salz und Pfeffer würzen. Fenchel waschen, in hauchdünne Streifen schneiden und 2 Minuten in kochendem Salzwasser garen. Herausnehmen und abtropfen lassen.

2 Backofen auf 200 °C (Gas Stufe 3, Umluft 175 °C) vorheizen. Eine flache Auflaufform fetten und mit Haferflocken bestreuen. Fischfilets hineinlegen und mit Fenchel bedecken. Salzen und pfeffern. Fettflöckchen obenauf geben und den restlichen Zitronensaft darüber träufeln.

3 Den Fisch im vorgeheizten Backofen etwa 25 Minuten garen. Die Garflüssigkeit abgießen, mit Sauerrahm verrühren und mit Salz abschmecken. Die Sauce auf vorgewärmte Teller geben. Filets und Fenchel darauf anrichten. Dazu passen Hirse, Graupen, Quinoa oder Bulgur.

Pro Portion 33 g E • 15 g F • 11 g KH • 318 kcal • 1325 kJ • 8 g Ballaststoffe • 0,5 BE

Dieses Gericht ist mit wenig Aufwand zubereitet, weil Fisch und Gemüse zusammen im Backofen garen, was aber umso köstlicher schmeckt.

Forelle blau

Zutaten

Für 2 Portionen

1/8 l trockener Weißwein
1 Möhre
2 Schalotten
2 EL Essig
Salz, 6 Pfefferkörner
2 Lorbeerblätter
2 küchenfertige Forellen, à 375 g

1 Weißwein mit 1/2 Liter Wasser aufkochen. Möhre in Scheiben schneiden. Schalotten würfeln. Essig, Gemüse, 1 Prise Salz, Pfefferkörner und Lorbeerblätter dazugeben und den Sud 20 Minuten köcheln lassen. Die Forellen vorsichtig unter fließendem Wasser abspülen.

2 Forellen in einen Topf legen, mit dem kochenden Gemüsesud begießen und bei geringer Hitze 15 Minuten ziehen lassen – nicht kochen.

3 Die Forellen mit einer Schaumkelle aus dem Sud heben und servieren.

Tipp Servieren Sie die Forellen zur Abwechslung einmal mit einer köstlichen Sauce: Messen Sie von der Garflüssigkeit 150 Milliliter für die Sauce ab. Einfach die halbe Menge »Helle Sauce für alle Fälle« (→ Seite 29) zubereiten und statt Brühe den beiseite gestellten Sud verwenden. Die fertige Sauce mit Salz, Zitronensaft und reichlich gehackter Petersilie abschmecken. Während der Zubereitungszeit für die Sauce halten Sie die Forellen im Backofen bei 50 °C warm. Bach- und Seeforellen leben in europäischen Gewässern, Regenbogenforellen stammen aus den USA. Lachsforellen nennen Fischhändler die Forellen, die mehr als 1500 Gramm wiegen und durch Farbpigmente im Futter eine lachsähnliche Farbe angenommen haben. Das magere, grätenarme Fleisch schmeckt auch gebraten.

Pro Portion 41 g E • 7 g F • 0 g KH • 226 kcal • 948 kJ • 0 g Ballaststoffe • 0 BE

Kabeljau im Salzsud

Zutaten

Für 4 Portionen

800 g Kabeljau in 4 dicken Scheiben
200 g Salz

1 Den Fisch kalt abspülen. 1 Liter Wasser mit Salz in einem weiten Topf mit dickem Boden und gut schließendem Deckel aufkochen. Die Fischscheiben hineinlegen und 1 Minute offen kochen. Den Topf schließen, vom Herd ziehen und etwa 10 Minuten stehen lassen.

2 Dazu passen die Buttermilch-Kerbel-Sauce (→ Seite 30), ein großer grüner Salat und Roggenbrot.

Tipp Das ungewöhnlich stark gesalzene Wasser unterstreicht das natürliche Aroma des Fisches und sorgt für seine saftige, aber angenehm feste Beschaffenheit. Kabeljau sollte niemals kochen, sondern am besten 8–10 Minuten in einem Sud ziehen. Dies ist ein genial einfaches Rezept, das übrigens keineswegs übertrieben salzig schmeckt.

Pro Portion 30 g E • 1 g F • 0 g KH • 135 kcal • 562 kJ • 0 g Ballaststoffe • 0 BE

Gebratenes Rotbarschfilet

1 Den Rotbarsch mit Salz, Pfeffer und Muskat würzen. Von beiden Seiten in Haferkleieflocken wenden.
2 Ei und Milch mit einer Gabel verschlagen und die Fischfilets darin wenden.
3 Diät-Margarine oder Rapsöl in einer beschichteten Pfanne erhitzen und die Fischstücke darin von jeder Seite 3 Minuten braten.

Tipp Zu Bratfisch passen auch deftige Beilagen, beispielsweise eine Kartoffel-Gemüse-Pfanne, Ratatouille mit Buchweizen oder eine Tomaten-Kapern-Sauce und 1 Scheibe deftiges Bauernbrot. Durch die Haferkleieflocken haftet die Eihülle besonders gut am Fisch und es werden zusätzliche Ballaststoffe in das Fischgericht »gemogelt«.

Zutaten

Für 2 Portionen

2 kleine Rotbarschfilets, à etwa 160 g
Salz, Pfeffer
Muskatnuss
3–4 EL Haferkleieflocken
1 Ei
1 EL fettarme Milch
20 g Diät-Margarine oder
2 EL Rapsöl

Pro Portion 36 g E • 18 g F • 3 g KH • 318 kcal • 1328 kJ • 7 g Ballaststoffe • 0,5 BE

Gegrillte Heringe

1 Tomaten waschen und halbieren. Heringe waschen, sparsam salzen und pfeffern. Die Fische mit Öl einpinseln und im vorgeheizten Grill von jeder Seite 5 Minuten garen. Tomatenhälften kurz mitgrillen, salzen und pfeffern.
2 Fische und Tomaten auf eine vorgewärmte Platte legen, mit Zitronensaft beträufeln und mit Kräutern bestreuen.

Tipp Heringe sollten Diabetiker wegen der günstigen Zusammensetzung des Fetts möglichst oft essen. Die ungesättigten Omega-3-Fettsäuren aus dem Heringsfett senken bei regelmäßigem Verzehr nachweislich das Herzinfarktrisiko und spielen bei der Vorbeugung gegen Krebs und bei rheumatischen Erkrankungen eine wichtige Rolle.

Zutaten

Für 4 Portionen

4 Tomaten
4 küchenfertige, frische Heringe (etwa 600 g)
Salz, Pfeffer
1 El Raps- oder Olivenöl
2 EL Zitronensaft
1 EL gehackte Kräuter nach Wahl

Pro Portion 26 g E • 23 g F • 3 g KH • 321 kcal • 1349 kJ • 0 g Ballaststoffe • 0 BE

ZWEI- BIS DREIMAL IN DER WOCHE FISCH

Essen Sie Fisch ruhig öfter als schnelle, kleine Mahlzeit mittags oder abends. Es kann Räucherlachs oder Bückling sein, Hering oder Tunfisch aus der Dose. Ein Stück Vollkornbrot und etwas Salat dazu, fertig ist das gesunde Essen. Planen Sie mindestens einmal pro Woche frischen Fisch als Hauptgericht ein. Die besten Sorten für Menschen mit Diabetes: Makrelen, Heringe, Lachs und Sardinen. Servieren Sie ab und zu Matjes, Räuchermakrele oder eingelegten Hering als Vorspeise oder Appetithäppchen.

Muscheln im Safransud

Zutaten

Für 2 Portionen

- 1,5 kg Miesmuscheln
- 1 kleines Bund Suppengrün
- 1 Zwiebel
- 1 Knoblauchzehe
- 2 EL Rapsöl
- 100 ml trockener Weißwein
- 100 ml Gemüsebrühe (selbst gekocht oder instant) oder Fischfond (Glas)
- 1 Briefchen Safran (0,1 g)
- 1 Bund gehackter Dill

1 Die Muscheln gründlich waschen und bürsten. Offene Muscheln wegwerfen!

2 Das Gemüse putzen, Möhre und Sellerie in feine Streifen, Porree in Ringe schneiden. Zwiebel und Knoblauchzehe abziehen und in Streifen schneiden.

3 Öl in einem ausreichend großen Topf erhitzen und das Gemüse – bis auf den Porree – darin glasig dünsten. Porree, Weißwein, Brühe und Safran zugeben und einmal aufkochen.

4 Die Muscheln zugeben, den Topf schließen und die Muscheln etwa 8–10 Minuten bei mittlerer Hitze garen, dabei ab und zu den Topf rütteln.

5 Muscheln abgießen, dabei den Sud auffangen. Noch geschlossene Muscheln wegwerfen. Die Muscheln in zwei Schüsseln anrichten, einen Teil des Suds darüber gießen, den Rest extra reichen. Mit Dill bestreuen. Dazu passen Vollkorn-Baguettebrötchen.

Pro Portion 14 g E • 12 g F • 12 g KH • 225 kcal • 936 kJ • 5 g Ballaststoffe • 0,5 BE

Die Muscheln im Safransud sind ein wahrhaft königliches Gericht, mit dem Sie sich selbst oder Ihre Gäste belohnen könnnen.

Rindsrouladen

1 Welke Blätter vom Kohl entfernen. Etwa 10 weitere Blätter ablösen (Rest für einen Salat verwenden), kalt abspülen und die dicke Mittelrippe herausschneiden. In kochendem Salzwasser 2–3 Minuten garen. Kalt abspülen und mit Küchenpapier trockentupfen.
2 Die Rouladen salzen, pfeffern und mit Senf bestreichen. Kohlblätter und Würfelschinken darauf verteilen.
3 Die Zwiebeln abziehen und würfeln. 1 Esslöffel davon auf den Rouladen verteilen. Die Fleischscheiben aufrollen, mit Küchenfaden oder Rouladenspangen fixieren.
4 Öl in einem großen Topf erhitzen. Die Rouladen darin rundherum kräftig braun anbraten, dabei immer wieder wenden, bis alle Seiten gebräunt sind. Herausnehmen.
5 Restliche Zwiebelwürfel in den Bräter geben, kurz anbraten. Tomatenmark dazugeben, anbraten, mit Rotwein ablöschen und verdampfen lassen. Wieder etwas Wein zugießen und wieder einkochen lassen, bis der Wein aufgebraucht ist. Es soll dunkler Bratensaft entstehen.
6 Den Rinderfond zugießen, aufkochen, Rouladen zurück in den Bräter geben und Thymian zufügen. Rouladen zugedeckt 1 Stunde schmoren, dabei – falls nötig – ab und zu 1 Schuss heißes Wasser oder Brühe dazugießen.
7 Das gegarte Fleisch aus dem Bratenfond heben, das Küchengarn abnehmen und das Fleisch auf eine tiefe Platte legen. Mehl mit Jogurt glatt rühren, in den Bratenfond geben und aufkochen. Die Sauce mit Salz und Pfeffer abschmecken und über das Fleisch gießen.

Pro Portion 43 g E • 14 g F • 9 g KH • 343 kcal • 1436 kJ • 3 g Ballaststoffe • 0 BE

Zutaten

Für 4 Portionen

1 kleiner Weißkohl
Salz
4 Scheiben Rindsrouladen, à 180 g (aus der Keule)
Pfeffer
1 EL Senf
40 g magerer Würfelschinken
4 Zwiebeln
2 EL Rapsöl
1 EL Tomatenmark
150 ml trockener Rotwein
400 ml Rinderfond (Glas) oder -brühe
1 TL getrockneter Thymian
2 TL Vollkornmehl
100 g fettarmer Jogurt

Frikadellen

1 Die Zwiebeln abziehen und fein würfeln. Hackfleisch, Quark, Ei, Haferkleie, Senf, Petersilie und Zwiebelwürfel in eine Schüssel geben, 1 Teelöffel Salz und Pfeffer nach Geschmack zugeben und zu einer glatten Masse verarbeiten.
2 Mit feuchten Händen 10 Frikadellen formen und in einer großen Pfanne im heißen Öl bei mittlerer Hitze etwa 15–20 Minuten braten, dabei mehrmals wenden.

Tipp Braten Sie die Frikadellen nicht bei zu hoher Temperatur, sonst gerät die Kruste schon dunkel, wenn das Innere noch nicht durchgegart ist.

Pro Portion 15 g E • 10 g F • 3 g KH • 160 kcal • 669 kJ • 2 g Ballaststoffe • 0 BE

Zutaten

Für 10 Frikadellen

2 Zwiebeln
500 g Rinderhackfleisch
250 g Buttermilch- oder Magerquark
1 Ei
50 g Haferkleie
1 EL Senf
1 Bund gehackte Petersilie
Salz, Pfeffer
2 EL Rapsöl

Straußengulasch ungarische Art

Zutaten

Für 6 Portionen

500 g Zwiebeln
2 Knoblauchzehen
750 g Straußenfleisch
Salz, Pfeffer, Paprikapulver edelsüß
1–2 TL Kümmel
1/4 l Fleischbrühe (selbst gekocht oder instant)
100 g Sauerrahm
2–3 TL Sojamehl
Abgeriebene Schale von 1 unbehandelten Zitrone

1 Zwiebeln und Knoblauchzehen abziehen, die Zwiebeln würfeln. Das Fleisch in etwa 3 mal 3 Zentimeter große Würfel schneiden. Zwiebeln und Fleisch in einen ausreichend großen Topf schichten. Jede Lage mit Salz, Pfeffer, Paprikapulver und Kümmel würzen. Die Knoblauchzehen direkt in den Topf pressen.

2 Die Brühe darüber gießen und langsam aufkochen. Bei milder Hitze 1 1/2 Stunden schmoren, ab und zu umrühren.

3 10 Minuten vor Ende der Garzeit den Sauerrahm mit Sojamehl verrühren und das Gulasch damit binden. Zitronenschale zugeben und nachwürzen.

Pro Portion 28 g E • 4 g F • 4 g KH • 164 kcal • 683 kJ • 2 g Ballaststoffe • 0 BE

Straußenfleisch ist auch hierzulande mittlerweile in vielen gut sortierten Metzgereien erhältlich. Dieses Gericht kann aber auch jederzeit mit magerem Rindfleisch zubereitet werden.

Hühnerfrikassee

Zutaten

Für 6 Portionen

1 Huhn (etwa 1,2 kg)
1 kleines Bund Suppengrün
1 Zwiebel
1 Lorbeerblatt
1 Stück unbehandelte Zitronenschale
6 Pfefferkörner
Salz
250 g Zuckerschoten
250 g dünne Möhren
3 EL Rapsöl
45 g Weizenvollkornmehl
1/4 l fettarme Milch
3–4 EL Zitronensaft

1 Das Huhn gut abspülen, Suppengrün putzen und grob würfeln, Zwiebel abziehen und halbieren. 2 Liter Wasser in einem großen Topf erhitzen. Hähnchen, Gemüse, Lorbeerblatt, Zitronenschale, Pfefferkörner und 1 1/2 Teelöffel Salz zugeben. Bei geringer Hitze offen etwa 1 Stunde köcheln.
2 Währenddessen Zuckerschoten und Möhren putzen, die Zuckerschoten schräg halbieren, die Möhren in dünne Scheibchen schneiden. Das Gemüse in wenig Salzwasser garen, die Möhren brauchen etwa 10–15 Minuten, die Zuckerschoten 2–3 Minuten. Die Gemüse abgießen und abtropfen lassen.
3 Das Huhn herausnehmen, häuten, von den Knochen lösen und in mundgerechte Stücke schneiden.
4 Die Brühe durch ein Sieb gießen und mithilfe eines Fettabscheidekännchens gründlich entfetten. 1/2 Liter Brühe für die Sauce bereitstellen, den Rest für ein anderes Gericht verwenden.
5 Öl in einem Topf erhitzen, Mehl mit einem Schneebesen unterrühren und etwas anschwitzen lassen.
6 Die Milch auf einmal zugießen und unter ständigem Rühren erhitzen, bis die Sauce bindet. Dann die Brühe zugießen und wieder aufkochen lassen, dabei ständig rühren. Die Sauce etwa 10 Minuten offen bei mittlerer Hitze kochen lassen, ab und zu umrühren.
7 Hähnchenfleisch und Gemüse in der Sauce erhitzen, Petersilie und Zitronensaft unterrühren und eventuell mit etwas Salz abschmecken.

Pro Portion 38 g E • 7 g F • 10 g KH • 258 kcal • 1083 kJ • 2 g Ballaststoffe • 0,5 BE

Entenbrust aus dem Ofen

Zutaten

Für 2 Portionen

1 Entenbrust (350 g)
Salz, Pfeffer

1 Backofen auf 200 °C (Gas Stufe 3, Umluft 175 °C) vorheizen. Entenbrustfilet waschen, trockentupfen und die Hautseite mit einem scharfen Messer rautenförmig einschneiden.
2 Eine beschichtete Pfanne erhitzen und ohne Zugabe von Öl die Entenbrust mit der Hautseite nach unten hineinlegen. Bei mittlerer Hitze 3 Minuten braten. Das Fleisch umdrehen und weitere 3 Minuten braten. Die Entenbrust mit Salz und Pfeffer würzen.
3 Fleisch in eine flache, ofenfeste Form legen und im vorgeheizten Backofen 15–20 Minuten garen.
4 Die Entenbrust einige Minuten in Alufolie gewickelt ruhen lassen, dann schräg in dünne Scheiben schneiden.

Pro Portion 32 g E • 10 g F • 0 g KH • 208 kcal • 870 kJ • 0 g Ballaststoffe • 0 BE

Gänsebraten

Zutaten

Für 6–8 Portionen

1 küchenfertige Gans (5–6 kg)
Salz, Pfeffer
1 Bund Majoran
Je 4 gewürfelte Äpfel und Zwiebeln
1/2–1 l Geflügelbrühe (selbst gekocht oder instant)

1 Den Backofen auf 220 °C (Gas Stufe 4, Umluft 190 °C) vorheizen. Gans abspülen, trockentupfen und vorhandene Federkiele mit einer Pinzette herausziehen. Sichtbares Fett aus der Bauchhöhle ablösen. (Es ergibt etwa 500 Gramm Flomen für Schmalz oder zum Braten.) Die Flügelspitzen abschneiden und mit den Innereien für den Fond abspülen.
2 Die Gans innen und außen salzen und pfeffern. Majoran waschen, trockenschütteln und Blättchen von den Stängeln zupfen. Majoranblättchen, Apfel- und Zwiebelwürfel in die Bauchöffnung füllen. Mit Küchengarn und Holzspießchen verschließen.
3 Den Vogel mit der Brust nach unten in einen großen Bräter legen und die Brühe dazugießen. Mit Wasser auffüllen, bis die Gans zu etwa einem Viertel von Flüssigkeit umgeben ist.
4 Den Braten in den Ofen schieben, nach 1 Stunde die Temperatur auf 160 °C (Gas Stufe 2, Umluft 140 °C) reduzieren und die Gans wenden. Weitere 3–4 Stunden garen, dabei immer mal wieder mit Bratensaft begießen und darauf achten, dass genügend Flüssigkeit im Bräter ist.
5 Die Gans ist fertig, wenn sich die Keule nach dem Durchtrennen der Haut fast von selbst aus dem Gelenk löst.
6 Für den Gänsefond Flügel, Hals, Herz und Magen in wenig vom ausgelösten Gänsefett rundherum braun anbraten. Mit Wasser knapp bedecken und 40 Minuten bei kleinster Hitze köcheln. Durchsieben und bis auf die Hälfte einkochen lassen.
7 Den Schmorsud der fertigen Gans durch ein Sieb gießen und den Bratensatz mit etwas heißem Wasser lösen. Den Backofen wieder auf 220 °C (Gas Stufe 4, Umluft 190 °C) hochschalten und die Gans weitere 15–30 Minuten kräftig bräunen.
8 Den Schmorsud mit einem Fettabscheidekännchen gründlich entfetten. Den Fond aus dem Gänseklein ebenfalls entfetten und dazu gießen. Falls nötig, etwas einkochen lassen. Mit Salz und Pfeffer abschmecken und zur Gans servieren.

Tipp Gänsebraten ist nicht gerade als fett- und kalorienarm bekannt. Was also hat so ein Schlemmerrezept in einem Kochbuch für Menschen mit gestörtem Stoffwechsel zu suchen? Ganz einfach: Das köstliche Festtagsgeflügel gehört zu den ausgesprochen gesunden Fleischarten, weil sein Fett so günstig zusammengesetzt ist. Gänseschmalz enthält weniger ungünstige gesättigte Fettsäuren als Rinder- und Schweinefett und mehr von den wertvollen einfach ungesättigten Fettsäuren als die meisten Pflanzenöle.

Pro Portion 73 g E • 24 g F • 11 g KH • 568 kcal • 2384 kJ • 2 g Ballaststoffe • 0 BE

Gänsebraten ist ein Schlemmergericht, das auch Diabetiker ohne schlechtes Gewissen ab und zu genießen dürfen, weil dieses Geflügel zu den ausgesprochen gesunden Fleischarten zählt.

Pochierte Eier auf Blattspinat

1 Zwiebeln und Knoblauch abziehen und würfeln. Die Tomaten in Spalten schneiden. Das Öl in einem Topf erhitzen und die Zwiebel- und Knoblauchwürfel darin glasig dünsten. Spinat und Brühe zugeben und zugedeckt 10–15 Minuten auftauen und garen.

2 1 Liter Wasser mit dem Essig in einem weiten Topf aufkochen. Die Eier einzeln in eine Tasse schlagen und in das Essigwasser gleiten lassen. Vorsichtig mit einem Esslöffel das Eiweiß über das Eigelb ziehen und 5 Minuten im leicht siedenden Wasser ziehen lassen.

3 Die Tomatenspalten zum Spinat geben und erhitzen. Das Gemüse mit Salz, Pfeffer und Muskat würzen. Die pochierten Eier auf dem Spinat servieren.

Zutaten

Für 2 Portionen

2 Zwiebeln
1 Knoblauchzehe
2 Tomaten
1 EL Olivenöl
450 g tiefgefrorener Blattspinat
1/8 l Gemüsebrühe (selbst gekocht oder instant)
8 EL Essig
2 Eier
Salz, Pfeffer und Muskat

Pro Portion 15 g E • 13 g F • 5 g KH • 196 kcal • 825 kJ • 7 g Ballaststoffe • 0 BE

Kaiserschmarrn

Zutaten

Für 2 Portionen

2 Eier
Salz
Zitronensaft
1/8 l fettarme Milch
80 g Weizenvollkornmehl
1 TL Inulin
1/2 TL flüssiger Süßstoff
40 g Rosinen
1 TL Rapsöl
Eventuell Streusüße

1 Den Backofen auf 200 °C (Gas Stufe 3, Umluft 175 °C) vorheizen. Die Eier trennen, Eiweiß mit 1 Prise Salz und 1 Spritzer Zitronensaft steif schlagen und kalt stellen.

2 Eigelbe, Milch, gesiebtes Weizenvollkornmehl, Inulin und flüssigen Süßstoff mit dem Handrührgerät zu einem glatten Teig verrühren. Eischnee und Rosinen unter den Teig heben.

3 Rapsöl in einer beschichteten und ofenfesten Pfanne erhitzen und den Teig hineingießen. Pfanne in den vorgeheizten Backofen schieben und den Pfannkuchen 8–10 Minuten backen. Pfanne herausnehmen und den Pfannkuchen mit zwei Gabeln in Stücke reißen. Eventuell mit etwas Streusüße bestreuen.

Tipp Zum Kaiserschmarrn passen beispielsweise ein selbst gekochtes Pflaumen- oder Apfelkompott, Apfelmus (→ unten) oder auch ein Zitrusfrüchtesalat.
Falls Sie nur eine Pfanne mit Kunststoffgriff haben, kann man ihn dick mit Alufolie umwickeln, damit er im Backofen nicht verschmort.

Pro Portion 15 g E • 10 g F • 42 g KH • 327 kcal • 1370 kJ • 7 g Ballaststoffe • 3,5 BE

Apfelmus

Zutaten

Für 12 Portionen

5 EL Zitronensaft
2 kg Äpfel
2 EL Gelierzucker 3:1
Flüssiger Süßstoff

1 Zitronensaft und 1/4 Liter Wasser in eine große Schüssel geben. Die Äpfel schälen, vierteln und die Kerngehäuse herausschneiden. Die Apfelviertel in das Zitronenwasser geben, damit sie nicht braun anlaufen.

2 Apfelviertel mit dem Zitronenwasser und dem Gelierzucker in einen Topf geben, aufkochen und zugedeckt bei milder Hitze garen, bis die Äpfel weich sind. Das dauert in der Regel etwa 5–10 Minuten.

3 Die Äpfel mit einem Schneidstab pürieren und mit Süßstoff abschmecken.

Tipp Das Apfelmus können Sie gleich kochend heiß in gut ausgewaschene Twist-off-Gläser füllen und fest zuschrauben. Vergewissern Sie sich am nächsten Tag, dass die Gläser fest schließen und lagern Sie das Apfelmus am besten im Kühlschrank. So hält es sich etwa 3 Monate. Wer Äpfel lieber roh isst, wählt am besten eine Vitamin-C-reiche Sorte. In absteigender Reihe: Berlepsch, Ontario, Goldparmäne, Boskop, Jonagold. Vier Äpfel pro Tag können den Cholesterinspiegel um bis zu 10 Prozent senken.

Pro Portion 0 g E • 0 g F • 20 g KH • 90 kcal • 380 kJ • 3 g Ballaststoffe • 1,5 BE

Rote Grütze

Zutaten

Für 4 Portionen

600 g frische Beeren (z. B. Himbeeren, Erdbeeren, Johannisbeeren, Stachelbeeren)
100 ml Kirschsaft
Flüssiger Süßstoff
25 g Stärke

1 Die Früchte putzen und mit dem Saft in einem Topf aufkochen. Bei kleiner Hitze 3–5 Minuten garen.
2 Gegarte Früchte mit dem Schneidstab fein pürieren, durch ein Sieb streichen und wieder in den Topf füllen.
3 Die Stärke mit 2 Esslöffeln Wasser glatt rühren, unter das Fruchtmus mischen und unter Rühren einmal aufkochen lassen. In einer Schüssel abkühlen.

Tipp Während der Beerensaison können Sie Fruchtmus in größeren Mengen kochen und portionsweise einfrieren. Neben den erwähnten Fruchtsorten sind auch Brombeeren, Heidelbeeren und Kirschen geeignet. Nach dem Auftauen und Erwärmen nur noch mit Stärke binden und abkühlen lassen. Besonders köstlich schmeckt die Rote Grütze, wenn Sie sie mit Milch oder feiner Vanillesauce servieren.
Farbliche Abwechslung auf dem Tisch bekommen Sie, wenn Sie statt der roten auch einmal grüne oder gelbe Grütze servieren. Für grüne Grütze verwenden Sie Kiwi, Stachelbeeren, Weintrauben und Netzmelone, gelbe Grütze wird aus Pfirsichen, Aprikosen, Mango und Passionsfrucht zubereitet. Diese Sorten sollten Sie allerdings nicht pürieren, sondern eher wie ein stückiges Kompott zubereiten. Anstelle von flüssiger Sahne geben Sie einen Löffel körnigen Frischkäse oder fettarmen Jogurt zur Grütze dazu. Das spart eine Menge Fettkalorien, trägt zur Sättigung bei und hebt den Eiweißgehalt.

Pro Portion 2 g E • 1 g F • 18 g KH • 90 kcal • 383 kJ • 2 g Ballaststoffe • 1,5 BE

Backobstkompott

Zutaten

Für 4 Portionen

250 g gemischtes Backobst
300 ml Holunderbeersaft
2 TL Zimt
Flüssiger Süßstoff

1 Backobst und Holunderbeersaft in einen Topf geben und 2 Stunden einweichen lassen.
2 Holunderbeersaft und Obst zusammen aufkochen und 20 Minuten bei geringer Hitze zugedeckt garen. Das Backobst mit einer Schaumkelle aus dem Saft heben und in eine Schüssel füllen. Beiseite stellen.
3 Den Saft offen 5 Minuten einkochen, mit Zimt und eventuell etwas Süßstoff abschmecken und über das Backobst gießen. Vollständig abkühlen lassen.

Tipp Bereiten Sie zur Abwechslung ein helles Kompott aus Aprikosen-, Apfel- und Birnenstückchen zu, und garen Sie es in ungezuckertem Apfelsaft.

Pro Portion 4 g E • 1 g F • 41 g KH • 202 kcal • 844 kJ • 7 g Ballaststoffe • 3,5 BE

Schokoladenkuchen

Zutaten

Für 1 Kastenform von 20 cm Länge (10–12 Stücke)

- Etwas Öl für die Backform
- 3 Eier
- 100 g Zucker
- 1 1/2 TL Süßstoff
- 100 ml Rapsöl
- 175 g Weizenvollkornmehl
- 50 g Sojamehl
- 25 g Inulin
- 1/2 Päckchen Backpulver
- 2 EL Kakaopulver
- Salz
- 5 EL fettarme Milch

1 Den Backofen auf 175 °C (Gas Stufe 2, Umluft 160 °C) vorheizen und die Backform mit etwas Öl einfetten.

2 Die Eier trennen, Eiweiß mit dem Handmixer zu steifem Eischnee aufschlagen und kalt stellen.

3 Eigelbe, Zucker und Süßstoff in eine Schüssel geben und cremig rühren, bis sich der Zucker gelöst hat. Erst dann das Öl zugeben und wieder gut verrühren.

4 Mehle, Inulin, Backpulver, Kakaopulver und 1 Prise Salz mischen und in 2–3 Portionen unter die Eimasse ziehen. Danach die Milch unterrühren.

5 Den Eischnee mit einem Kochlöffel oder einem Spatel unterheben und den Teig in die Kuchenform füllen.

6 Den Kuchen im vorgeheizten Backofen etwa 50 Minuten backen.

Tipp Es lohnt sich, den Lieblingsrührkuchen diabetikerfreundlich mit Öl und Süßstoff zuzubereiten. Statt jeweils 100 Gramm Butter oder Margarine brauchen Sie 80 Gramm geschmacksneutrales Öl (z. B. Rapsöl). Beim Zucker kann man die Hälfte durch flüssigen Süßstoff ersetzen.

Pro Stück 6 g E • 12 g F • 18 g KH • 207 kcal • 868 kJ • 5 g Ballaststoffe • 1,5 BE

Pflaumenschnecken

Zutaten

Für 12 Stück

- 150 g Mager- oder Buttermilchquark
- 1 Ei
- 6 EL Rapsöl
- 30 g Zucker
- 1/2 TL flüssiger Süßstoff
- Salz
- 220 g Weizenvollkornmehl
- 30 g Inulin
- 1/2 Päckchen Backpulver
- 250 g Trockenpflaumen
- Saft und Schale von 1/2 unbehandelten Zitrone
- 2 TL Zimt
- 150 g Pflaumenmus mit Süßstoff

1 Den Backofen auf 200 °C (Gas Stufe 3, Umluft 175 °C) vorheizen. Quark, Ei, Öl, Zucker, Süßstoff und 1 Prise Salz in eine Schüssel geben. Mehl, Inulin und Backpulver mischen und darüber sieben. Mit den Knethaken des Handrührgeräts zu einem glatten Teig verarbeiten und 10–15 Minuten ruhen lassen.

2 Pflaumen in Streifen schneiden und mit Zitronensaft und -schale und dem Zimt mit dem Pflaumenmus verrühren.

3 Den Teig zu einem Rechteck von etwa 30 mal 40 Zentimeter ausrollen. Die Pflaumenmischung darauf streichen und die Teigplatte von der langen Seite aufrollen. Die Rolle mit einem Wellenschliffmesser in 12 Stücke schneiden und mit der Schnittfläche nach oben auf ein mit Backpapier belegtes Blech legen.

4 Im vorgeheizten Backofen 20–25 Minuten backen.

Tipp Die Schnecken sind ideal für den Tiefkühlvorrat. Frieren Sie die ungebackenen Schnecken auf einem Blech oder Tablett ein, und füllen Sie sie dann in Gefrierbeutel um.

Pro Stück 5 g E • 7 g F • 31 KH • 216 kcal • 906 kJ • 6 g Ballaststoffe • 2,5 BE

Quarktorte mit Heidelbeeren

1 Den Backofen auf 175 °C (Gas Stufe 2, Umluft 160 °C) vorheizen und die Springform mit etwas Margarine gründlich einfetten.

2 Heidelbeeren waschen und gut abtropfen lassen. Eventuell auf Küchenpapier trocknen lassen.

3 Die Eier trennen, Eiweiß mit dem Handmixer zu steifem Eischnee schlagen und kalt stellen.

4 Margarine, Zucker und Süßstoff schaumig schlagen. Die Eigelbe nach und nach zugeben. Quark, Zitronensaft und -schale, Hafermehl (bis auf 1 Esslöffel) und das Inulin gut unterrühren.

5 Die Heidelbeeren mit dem restlichen Hafermehl mischen. Dann zusammen mit dem Eischnee unter den Teig heben und in die Springform geben.

6 Den Kuchen im vorgeheizten Backofen 60–70 Minuten backen; eventuell nach 45 Minuten mit Alufolie abdecken, damit der Kuchen nicht zu braun wird.

7 Nach dem Backen den Kuchen mit einem Messer vom Springformrand lösen und in der Form auskühlen lassen.

Zutaten

Für 1 Springform (Ø 24 cm; 12 Stücke)

Etwas Diät-Margarine für die Springform
250 g Heidelbeeren
4 Eier
125 g Diät-Margarine
125 g Zucker
1 1/2–2 TL Süßstoff
1 kg Mager- oder Buttermilchquark
Saft und abgeriebene Schale von 1 unbehandelten Zitrone
50 g Hafermehl
50 g Inulin

Pro Stück 14 g E • 12 g F • 19 g KH • 250 kcal • 1040 kJ • 5 g Ballaststoffe • 1,5 BE

Die Quarktorte mit Heidelbeeren schmeckt nicht nur herrlich fruchtig und frisch, sondern ist zudem eine Süßigkeit mit erstaunlich wenig Kalorien.

Die Gastlichen

Diabetiker sind wie alle anderen Menschen entweder gute Gastgeber oder liebe Gäste. In beiden Fällen benötigen Sie Rezepte, die jeden Praxistest locker bestehen und Ihnen helfen, sich und die anderen mit einem feinen Menü oder witzigen Fingerfood-Kreationen ausgiebig zu verwöhnen. Mithilfe der folgenden Seiten lassen sich anregende Streifzüge durch neue kulinarische Genusszonen machen. Sie finden Ideen für feine, leichte Vorspeisen, fettreduzierte Hauptgerichte und kalorienarme, süße Desserts. Allesamt so gut, dass kein Mensch auf die Idee käme, es könnte sich um Diätrezepte handeln.

Menü 1

Tomaten-Rettich-Carpaccio

1 Die Tomaten waschen, Stielansätze keilförmig herausschneiden, Tomaten in möglichst dünne Scheiben schneiden. Den Rettich schälen und ebenfalls in dünne Scheiben schneiden. Die Schalotten abziehen und sehr fein würfeln.
2 Zitronensaft und 2 Esslöffel Wasser mit Salz, Pfeffer, Süßstoff, Schalottenwürfeln und Öl zu einer Salatsauce verrühren.
3 Tomaten und Rettich dachziegelartig auf 4 Tellern verteilen, mit der Salatsauce beträufeln und mit Kapern bestreut servieren.

Tipp Dazu passt knuspriges Vollkornbaguette.
Es geht noch schneller, wenn Sie die Salatsauce schon einen halben Tag vorher zubereiten.

Zutaten Vorspeise
Für 4 Portionen
500 g Tomaten
300 g weißer Rettich
2 Schalotten
2 EL Zitronensaft
Salz, Pfeffer, flüssiger Süßstoff
2 EL Olivenöl
2 EL feine Kapern

Pro Portion 2 g E • 5 g F • 5 g KH • 76 kcal • 324 kJ • 2 g Ballaststoffe • 0 BE

Perlhuhn mit Äpfeln

1 Backofen auf 175 °C (Gas Stufe 2, Umluft 160 °C) vorheizen. Das Perlhuhn waschen, trockentupfen, mit Salz, Pfeffer und Majoran würzen und mit etwas Mehl bestäuben.
2 Das Öl in einem Bräter erhitzen und das Perlhuhn darin von allen Seiten anbraten. Mit Calvados und der Hälfte der Brühe ablöschen und im vorgeheizten Backofen 45–60 Minuten braten.
3 In der Zwischenzeit die Äpfel schälen, die Kerngehäuse herausschneiden, Äpfel in Scheiben schneiden. Zucker und Butter in einem Topf erhitzen, bis der Zucker sich löst. Die Apfelscheiben zugeben und im Karamell wenden. Mit restlicher Brühe und Cidre ablöschen und im geschlossenen Topf 5 Minuten garen.
4 Die Apfelscheiben zum Perlhuhn geben und weitere 5 Minuten garen. Das Perlhuhn herausnehmen und tranchieren, die Sauce mit Sauerrahm verrühren, mit Salz und Pfeffer kräftig würzen und zum Perlhuhn servieren.

Tipp Als Beilage zum Perlhuhn können Sie Risi-Bisi (Reis mit Erbsen) servieren. Oder versuchen Sie statt Reis einmal Bulgur, Hafer, Hirse oder Graupen. Grundrezepte finden Sie im Kapitel »Basics« ab Seite 35.

Zutaten Hauptgericht
Für 4 Portionen
1 küchenfertiges Perlhuhn (1,2 kg)
Salz, Pfeffer, Majoran
1 EL Mehl
2 EL Rapsöl
2 EL Calvados
300 ml Geflügel- oder Gemüsebrühe (selbst gekocht oder instant)
2 große Äpfel
1 EL Puderzucker
1 EL Butter
1/8 l trockener Cidre (Apfelwein)
50 g Sauerrahm (15 % Fett; z. B. Crème légère)

Pro Portion 42 g E • 25 g F • 16 g KH • 463 kcal • 1939 kJ • 2 g Ballaststoffe • 2 BE

Kirsch-Jogurt-Halbgefrorenes

Zutaten Dessert

Für 4 Portionen

200 g entsteinte Sauerkirschen (frisch oder ungesüßt aus der Dose)
400 g fettarmer Naturjogurt
2 EL Zitronensaft
Flüssiger Süßstoff
3 Orangen
2 TL gehackte Pistazien

1 Ein paar Kirschen beiseite legen. Die restlichen Kirschen und Jogurt mit dem Schneidstab pürieren. Mit Zitronensaft und Süßstoff abschmecken und in den Gefrierschrank stellen.

2 Kirschjogurt 2 Stunden lang alle 30 Minuten mit dem Schneidstab pürieren, dann in kleine Förmchen füllen, glatt streichen und wieder einfrieren.

3 Die Orangen so schälen, dass die weiße Haut mit entfernt wird. Die Fruchtsegmente herauslösen, dabei den Saft auffangen. Die Förmchen kurz in heißes Wasser tauchen, Halbgefrorenes auf Teller stürzen und mit den Orangenfilets und ein paar Kirschen anrichten.

4 Den Orangensaft darüber träufeln und mit Pistazien bestreuen.

Pro Portion 6 g E • 3 g F • 24 g KH • 163 kcal • 682 kJ • 2 g Ballaststoffe • 2 BE

Das Kirsch-Jogurt-Halbgefrorene ist ein unkompliziertes Dessert, mit dem Sie beeindrucken können.

Menü 2

Scharfe Ricotta-Baguettes

1 Frühlingszwiebeln putzen und schräg in dünne Ringe schneiden. Die Pfefferschote aufschneiden, die Kerne entfernen, Schote waschen und fein würfeln. Rucola waschen, trockenschütteln und in Streifen schneiden.
2 Ricotta mit dem Eigelb glatt rühren und mit Salz abschmecken. Frühlingszwiebelringe und Pfefferschotenwürfel unterheben und die Masse auf die getoasteten Baguettescheiben streichen.
3 Unter dem vorgeheizten Grill 10–12 Minuten überbacken. Mit den Rucolastreifen bestreut servieren.

Tipp Das nicht verwendete Eiweiß wird gleich für die Zubereitung des Desserts benötigt.

Zutaten Vorspeise
Für 6 Portionen
1 Bund Frühlingszwiebeln
1 grüne Pfefferschote
1 Bund Rucola
200 g Ricotta
1 Eigelb
Salz
12 Scheiben getoastetes Vollkornbaguette

Pro Portion 5 g E • 6 g F • 14 g KH • 133 kcal • 559 kJ • 2 g Ballaststoffe • 1 BE

Schweinefilet-Medaillons auf Ratatouille

1 Auberginen, Zucchini, Paprikaschoten und Tomaten waschen, putzen und in mundgerechte Stücke schneiden. Den Fenchel putzen und in dünne Streifen schneiden. Zwiebeln und Knoblauchzehen abziehen, Zwiebeln in Spalten schneiden, Knoblauch hacken.
2 Die Brühe mit Tomatenmark und Kräutern verrühren. Backofen auf 200 °C (Gas Stufe 3, Umluft 175 °C) vorheizen.
3 3 Esslöffel Öl in einem Schmortopf erhitzen, Zwiebeln und Knoblauch darin glasig dünsten. Paprika-, Auberginen- und Zucchiniwürfel sowie die Fenchelstreifen zugeben und alles zugedeckt 5 Minuten bei mittlerer Hitze garen. Tomaten und Tomaten-Kräuter-Brühe zugeben und das Gemüse weitere 5 Minuten garen.
4 Das Gemüse mit Salz und Pfeffer herzhaft würzen und in eine große Auflaufform oder in die Saftpfanne vom Backofen füllen.
5 Die Schweinefilets auf beiden Seiten mit Salz und Pfeffer würzen und von jeder Seite im restlichen Öl 1 Minute scharf anbraten. Die Filets auf die Ratatouille setzen.
6 Sauerrahm und Parmesan verrühren und über den Medaillons verteilen.
7 Im vorgeheizten Backofen auf der oberen Schiene 10–12 Minuten überbacken, eventuell den Grill dazuschalten.

Zutaten Hauptgericht
Für 6 Portionen
400 g Auberginen
400 g Zucchini
3 Paprikaschoten
750 g Tomaten
1 Fenchelknolle (300 g)
200 g Zwiebeln
2–3 Knoblauchzehen
100 ml Fleisch- oder Gemüsebrühe (selbst gekocht oder instant)
2 EL Tomatenmark
1 EL Kräuter der Provence
4 EL Olivenöl
Salz, Pfeffer
900 g Schweinefilet-Medaillons (etwa 12 Stück)
100 g Sauerrahm (15 % Fett; z. B. Crème légère)
50 g geriebener Parmesan

Pro Portion 41 g E • 16 g F • 12 g KH • 360 kcal • 1511 kJ • 8 g Ballaststoffe • 0 BE

Aprikosen-Johannisbeer-Kaltschale mit Schneeklößchen

Zutaten Dessert

Für 6 Portionen

250 g rote Johannisbeeren (ersatzweise tiefgekühlter Beerenmix)
250 g Aprikosen
2 EL Speisestärke
350 ml roter Saft (z. B. Trauben-, Kirsch- oder Johannisbeersaft)
100 ml Rotwein
1 TL Inulin
2 EL Zitronensaft
1 Eiweiß
1/4 TL flüssiger Süßstoff
Salz
1/2 Bund Zitronenmelisse

1 Johannisbeeren waschen und von den Rispen streifen. Aprikosen kurz mit kochendem Wasser überbrühen und die Haut abziehen. Die Früchte in Spalten vom Stein schneiden.

2 Speisestärke mit 2 Esslöffeln Saft glatt rühren. Den restlichen Saft mit Rotwein, Inulin und Zitronensaft aufkochen. Die Stärke einrühren, den Saft noch einmal aufkochen lassen, Johannisbeeren und Aprikosen zugeben und alles erkalten lassen.

3 Eiweiß mit Süßstoff und 1 Prise Salz steif schlagen. Mit zwei Teelöffeln kleine Nocken abstechen und in kochendem Wasser in einem weiten Topf 5 Minuten zugedeckt kochen. Die Nocken abtropfen und abkühlen lassen.

4 Zum Servieren die Kaltschale in tiefen Tellern mit den Schneeklößchen anrichten, mit Zitronenmelisseblättchen garnieren.

Tipp Die Kaltschale können Sie schon einen Tag vorher zubereiten, so ist sie schön durchgekühlt, wenn Sie auf den Tisch kommt. Die Schneeklößchen ein paar Stunden vor dem Servieren zubereiten und abgedeckt beiseite stellen. Wer es würzig mag, gibt ein Stück Sternanis oder Zimtstange zusammen mit den Früchten in den Sud.

Pro Portion 2 g E • 0 g F • 19 g KH • 104 kcal • 435 kJ • 5 g Ballaststoffe • 1,5 BE

Menü 3

Frische Erbsensuppe

Zutaten Vorspeise

Für 4 Portionen

2 Zwiebeln
1 EL Rapsöl
400 g tiefgefrorene Erbsen
400 ml Geflügel- oder Gemüsebrühe (selbst gekocht oder instant)
Salz, Pfeffer
1–2 EL Zitronensaft
30 g Sauerrahm (15 % Fett; z. B. Crème légère)
1 Bund gehacktes Basilikum

1 Die Zwiebeln abziehen und fein würfeln.

2 Das Rapsöl in einem Topf erhitzen und die Zwiebeln darin unter ständigem Rühren glasig dünsten. Erbsen und die Brühe zugeben und alles 10 Minuten zugedeckt garen.

3 Einige Erbsen herausheben und den Rest der Suppe mit dem Schneidstab pürieren. Die Suppe mit Salz, Pfeffer und Zitronensaft abschmecken. Die Erbsen wieder zur Suppe geben.

4 Erbsensuppe mit etwas Sauerrahm und Basilikum servieren.

Pro Portion 8 g E • 5 g F • 14 g KH • 136 kcal • 571 kJ • 6 g Ballaststoffe • 0,5 BE

Lachsforelle im eigenen Saft

Zutaten Hauptgericht

Für 4 Portionen

1 küchenfertige Lachsforelle (etwa 1 kg)
Salz, Pfeffer
3 Schalotten
1/2 Bund glatte Petersilie
3 Stängel Thymian
50 g Butter
4 EL Weißwein

1 Backofen auf 200 °C (Gas Stufe 3, Umluft 175 °C) vorheizen. Die Lachsforelle unter fließendem Wasser gründlich abspülen. Mit Küchenpapier trockentupfen und von innen und außen mit Salz und Pfeffer würzen.
2 Schalotten abziehen und in feine Scheiben schneiden, Kräuter hacken. Die Forelle mit 2/3 der Kräuter, den Schalottenscheiben und 40 Gramm Butter füllen.
3 Den Fisch auf ein ausreichend großes Stück mit Butter bestrichene Alufolie legen. Fisch mit Weißwein beträufeln und mit den restlichen Kräutern bestreuen. Die Folie über der Forelle dicht verschließen. Im vorgeheizten Backofen etwa 17-20 Minuten garen.
4 Die Folie vorsichtig mit einer Schere oben aufschneiden und so auseinander falten, dass der Sud nicht herausläuft. Den Fisch herausnehmen und die Filets von Haut und Gräten lösen. Auf vorgewärmtem Geschirr anrichten.
5 Den Sud aus der Alufolie durch ein feines Sieb gießen. Über die Lachsforelle geben und sofort servieren.

Tipp Lachsforellen gibt es häufig zu günstigen Preisen. Trotzdem empfiehlt es sich, vorzubestellen, dann können Sie die Größe des Fisches bestimmen.

Pro Portion 39 g E • 17 g F • 1 g KH • 312 kcal • 1308 kJ • 0 g Ballaststoffe • 0 BE

Obstsalat mit Vanillecreme

Zutaten Dessert

Für 4 Portionen

4 Feigen
150 g blaue Weintrauben
2 Orangen
2 Birnen
150 g Maronen (fertig gegart, vakuumverpackt oder aus der Dose)
150 g fettarmer Naturjogurt
50 g Sojacreme (Crème-fraîche-Ersatz, z. B. von Vitaquell oder Alpro)
1/2 Vanilleschote
Flüssiger Süßstoff
Einige Minze- oder Zitronenmelisseblättchen

1 Feigen schälen und in Spalten schneiden, Weintrauben waschen, trockentupfen und von den Stielen zupfen. Die Orangen so schälen, dass auch die weiße Innenhaut entfernt wird, dann in Scheiben schneiden. Die Birnen schälen, die Kerngehäuse entfernen, Birnen in Spalten schneiden.
2 Die Maronen eventuell abtropfen lassen und je nach Größe halbieren oder vierteln. Zusammen mit den Obstsorten in einer Schüssel vorsichtig mischen.
3 Jogurt und Sojacreme mit dem ausgekratzten Vanillemark verrühren und mit Süßstoff abschmecken.
4 Obstsalat und Vanillecreme auf flachen Tellern anrichten und mit Minze oder Zitronenmelisseblättchen dekorativ verzieren.

Tipp Die Jogurtcreme können Sie mit löslichem Kaffeepulver zur Mokkacreme machen. Oder würzen Sie die Creme im Winter mit Lebkuchengewürz.

Pro Portion 4 g E • 4 g F • 42 g KH • 229 kcal • 957 kJ • 8 g Ballaststoffe • 3,5 BE

Menü 4

Sellerierohkost mit Kürbiskernen

Zutaten Vorspeise

Für 4 Portionen

300 g Knollensellerie
2 Äpfel
1 Becher fettarmer Naturjogurt (150 g)
Saft von 1/2 Zitrone
Flüssiger Süßstoff
Salz, Pfeffer
1 EL Kürbiskernöl
2 EL Kürbiskerne

1 Sellerieknolle und Äpfel schälen, Kerngehäuse herausschneiden, Sellerie und Äpfel in der Küchenmaschine raspeln.
2 Jogurt mit dem Zitronensaft, einigen Tropfen Süßstoff, Salz und Pfeffer in eine Schüssel geben und mit einem Schneebesen aufschlagen. Das Kürbiskernöl vorsichtig untermischen.
3 Sellerie-Apfel-Mischung auf einer Platte anrichten und mit der Sauce übergießen. Mit Kürbiskernen bestreuen.

Tipp Sellerieknollen sind gesund und preiswert, dazu angefüllt mit heilkräftigen Stoffen. So fanden Experten in den ätherischen Ölen der würzigen Knolle Blutdruck senkende Stoffe. Auch der reichlich enthaltene Mineralstoff Kalium besitzt als Gegenspieler des Kochsalzes einen günstigen Einfluss auf den Blutdruck. Es macht deshalb Sinn, das Gemüse öfter einmal roh geraspelt als Salat zu essen, denn ein Teil der Wirkstoffe verfliegt beim Kochen.

Pro Portion 3 g E • 6 g F • 14 g KH • 125 kcal • 524 kJ • 4 g Ballaststoffe • 1 BE

Fisch aus dem Backofen

Zutaten Hauptgericht

Für 4 Portionen

1 küchenfertiger Fisch von etwa 1,2 kg (z. B. Kabeljau, Zander oder Saibling)
Salz, Pfeffer
Saft von 1/2 Zitrone
1 Salatgurke
750 g kleine Tomaten
2 EL Oliven- oder Rapsöl

1 Backofen auf 220 °C (Gas Stufe 4, Umluft 190 °C) vorheizen. Den Fisch kalt abspülen, trockentupfen. Innen salzen, pfeffern und mit Zitronensaft beträufeln. Die Gurke schälen und in dünne Scheiben schneiden, Tomaten vierteln.
2 Eine ofenfeste Form mit etwas Öl ausstreichen, Gurkenscheiben und Tomatenviertel darauf verteilen, mit Salz und Pfeffer würzen. Den Fisch darauf legen und das restliche Öl darüber träufeln.
3 Den Fisch in den vorgeheizten Backofen schieben und etwa 25 Minuten garen. In der Form servieren.

Tipp Geben Sie frische Kräuter, wie etwa Thymian, Koriander oder Dill in den Bauch des Fisches. Mit Artischockenherzen, etwas Knoblauch, ein paar schwarzen Oliven und Zitronenscheiben schmeckt's wie am Mittelmeer. Besonders edel gerät dieses Gericht mit Seeteufel. Er hat festes, aromatisches Fleisch und nur eine große Mittelgräte. Fisch aus dem Backofen ist für die Gästebewirtung ideal: Es ziehen keine Fischdünste durch die Küche, der Fisch bleibt saftig – und macht es leicht, die Gäste zu beeindrucken.

Pro Portion 37 g E • 7 g F • 7 g KH • 240 kcal • 1008 kJ • 2 g Ballaststoffe • 0 BE

Fisch aus dem Backofen mit warmem Kartoffelsalat schmeckt so köstlich, dass Sie ihn jederzeit auch Nicht-Diabetikern vorsetzen können.

Warmer Kartoffelsalat mit Roter Bete

Zutaten Beilage

Für 4 Portionen

- 1 kg Kartoffeln (fest kochende Sorte)
- Salz
- 1 gekochte Rote Bete (Vakuumpackung)
- 2 Zwiebeln
- 2 EL trockener Wermut (oder Sherry)
- 200 ml Fleisch- oder Gemüsebrühe (selbst gekocht oder instant)
- 2–3 EL Rotweinessig
- 2 EL Rapsöl
- 1 Zweig Estragon
- Pfeffer

1 Die Kartoffeln waschen und in Salzwasser 20 Minuten kochen. Abgießen, pellen und in Scheiben schneiden. Die Rote Bete in Scheiben schneiden und mit den Kartoffelscheiben mischen.

2 Die Zwiebeln abziehen, würfeln und mit Wermut, Brühe und Essig in einen Topf geben und aufkochen. Die heiße Mischung über die Kartoffel- und Rote-Bete-Scheiben gießen und durchmischen. 5 Minuten stehen lassen, bis die Kartoffeln den größten Teil der Flüssigkeit aufgesogen haben.

3 Das Öl unterheben. Estragon fein hacken und untermischen. Mit Salz, Pfeffer und Essig kräftig würzen. Den Kartoffelsalat sofort lauwarm servieren.

Tipp Wer getrockneten Estragon verwendet, kocht ihn in der Brühe mit.

Pro Portion 5 g E • 5 g F • 27 g KH • 182 kcal • 762 kJ • 5 g Ballaststoffe • 2 BE

Jogurtpudding mit Himbeermark

Zutaten Dessert

Für 4 Portionen

3 Blatt weiße Gelatine
500 g fettarmer Naturjogurt
1 EL Zucker
Saft und Schale von
1 unbehandelten Limette
Flüssiger Süßstoff
300 g Himbeeren (frisch oder aufgetaute Tiefkühlfrüchte)
1 TL Inulin

1 Die Gelatine in kaltem Wasser einweichen.

2 200 Gramm Jogurt mit Zucker, Limettensaft und -schale in einem Topf erwärmen. Die Gelatine darin auflösen, den Jogurt durch ein Sieb in eine Schüssel gießen.

3 Den restlichen Jogurt unterrühren und mit Süßstoff abschmecken. Die Jogurtmasse in 4 Förmchen oder Tassen füllen und kalt stellen.

4 Die Himbeeren pürieren und durch ein Sieb streichen. Inulin unterrühren und mit etwas Süßstoff abschmecken.

5 Die Förmchen kurz in heißes Wasser halten und den Pudding jeweils auf einen flachen Teller stürzen. Mit Himbeermark umgießen.

Pro Portion 6 g E • 2 g F • 14 g KH • 112 kcal • 470 kJ • 6 g Ballaststoffe • 1 BE

Menü 5

Sauerampfersuppe

Zutaten Vorspeise

Für 6 Portionen

300 g Sauerampfer
2 große Möhren
3 Zwiebeln
2 Knoblauchzehen
400 g Kartoffeln
2 EL Rapsöl
1 1/2 l Geflügel- oder Gemüsebrühe (selbst gekocht oder instant)
Salz, Pfeffer, 1 Prise Zucker
200 g Maiskörner (aus der Dose)
1 EL Sauerrahm (15% Fett; z.B. Crème légère)
100 g Linsensprossen (selbst gezogen oder aus dem Reformhaus)

1 Sauerampfer waschen, die Stiele abschneiden, die Blätter hacken. Möhren schälen und raspeln. Zwiebeln und Knoblauchzehen abziehen. Zwiebeln würfeln, Knoblauch durch eine Presse drücken. Kartoffeln waschen, schälen und in kleine Würfel schneiden.

2 Zwiebeln und Möhren in heißem Öl andünsten. Sauerampfer und Knoblauch zugeben und 5 Minuten weiterdünsten. Geflügel- oder Gemüsebrühe dazugießen und aufkochen. Kartoffeln zufügen und im geschlossenen Topf 15–20 Minuten garen.

3 Die Suppe im Mixer oder mit dem Schneidstab pürieren. Mit Salz, Pfeffer und Zucker würzen, den abgetropften Dosenmais in der Suppe erhitzen und den Sauerrahm unterrühren.

4 Die Suppe in die Teller verteilen. Die Linsensprossen darüber geben.

Tipp Für das Anzüchten von Keimlingen gibt es eine Reihe von Geräten, die die Prozedur vereinfachen sollen. Obwohl sie recht unterschiedlich konstruiert sind, funktionieren sie alle ähnlich. Es kommt nämlich darauf an, die Samen mit ausreichender Feuchtigkeit zu versorgen, aber Staunässe zu vermeiden. Samen gibt es in Drogerie- und Supermärkten zu kaufen. Geräte zur Anzucht von verschiedenen Keimlingen erhalten Sie in Reformhäusern.

Pro Portion 5 g E • 5 g F • 15 g KH • 126 kcal • 527 kJ • 5 g Ballaststoffe • 1 BE

Gefüllte Zwiebeln mit Currymöhren

1 Die Erbsen über Nacht in kaltem Wasser einweichen, abgießen.
2 Erbsen mit dem Lorbeerblatt in einen großen Topf geben, mit kaltem Wasser bedecken, aufkochen lassen und 1 Stunde bei milder Hitze köcheln lassen.
3 Gegarte Erbsen in ein Sieb gießen, das Lorbeerblatt herausnehmen und das Gemüse mit dem Schneidstab oder im Mixer fein pürieren. Butter, die Hälfte des Parmesans und italienische Kräuter unterrühren und mit Salz und Pfeffer würzen. Wenn das Püree zu fest wird, mit etwas Brühe verrühren.
4 Die Zwiebeln abziehen und 35–40 Minuten in kochendem Salzwasser garen. Abkühlen lassen, die Zwiebeln bis zur Mitte einschneiden und einzelne Schichten herauslösen. Das Innere der Zwiebeln hacken und beiseite legen.
5 Backofen auf 200 °C (Gas Stufe 3, Umluft 175 °C) vorheizen. Die Zwiebelschichten mit Erbsenpüree füllen, aufrollen und dicht an dicht in eine flache Auflaufform setzen. 100 Milliliter Brühe zugießen, den restlichen Parmesan darüber streuen und die Zwiebeln im vorgeheizten Backofen 20–25 Minuten backen.
6 Möhren schälen und in Stifte schneiden, Mandeln grob hacken.
7 Das Öl in einer Pfanne erhitzen, Mandeln darin rösten, bis sie duften. Das Currypulver zugeben, umrühren und sofort mit der restlichen Brühe ablöschen. Möhren, Rosinen und gehackte Zwiebeln zugeben und zugedeckt 5–10 Minuten garen. Mit Salz und Pfeffer abschmecken und mit Petersilie bestreut zu den gefüllten Zwiebeln servieren.

Zutaten Hauptgericht
Für 6 Portionen
300 g Trockenerbsen
1 Lorbeerblatt
30 g Butter
60 g geriebener Parmesan
4 EL tiefgefrorene italienische Kräuter
Salz, Pfeffer
3 große Gemüsezwiebeln (etwa 750 g)
200 ml Gemüsebrühe (selbst gekocht oder instant)
1 kg Möhren
30 g Mandeln
1 EL Rapsöl
1 EL mildes Currypulver
50 g Rosinen
1 Bund gehackte Petersilie

Pro Portion 19 g E • 13 g F • 38 g KH • 356 kcal • 1486 kJ • 17 g Ballaststoffe • 1,5 BE

Stachelbeer-Hirseauflauf

1 Hirse mit 350 Milliliter Wasser und 1 Prise Salz zugedeckt bei milder Hitze 20–25 Minuten kochen. Eventuell abgießen und etwas abkühlen lassen.
2 Backofen auf 175 °C (Gas Stufe 2, Umluft 160 °C) vorheizen. Die Hirse mit den Eigelben, Zucker und Mandeln verrühren, mit Süßstoff abschmecken.
3 Das Eiweiß zu steifem Schnee schlagen und unter die Hirse heben.
4 Stachelbeeren putzen und in eine flache, gefettete Auflaufform geben. Die Hirse darauf verteilen.
5 Im vorgeheizten Backofen 25–30 Minuten backen. Stachelbeer-Hirseauflauf heiß oder lauwarm servieren.

Zutaten Dessert
Für 6 Portionen
150 g Hirse
Salz
2 Eier (getrennt)
1 EL Zucker
30 g gehackte Mandeln
Flüssiger Süßstoff
500 g Stachelbeeren
Fett für die Form

Pro Portion 7 g E • 7 g F • 27 g KH • 200 kcal • 839 kJ • 4 g Ballaststoffe • 2 BE

Fingerfood

Wer Freude an unkomplizierter Gastlichkeit hat, lädt gern auf »Häppchen« und ein Glas Wein, Bier oder Alkoholfreies ein. Hier sind Vorschläge für kleine Gerichte, die aus der Hand zu essen sind und nicht zu sehr aufs Kalorienkonto schlagen. Sie eignen sich für einen Cocktailempfang ebenso wie für ein kaltes Büfett.

Gefüllte Cocktailtomaten

Zutaten

Für 15 Stück

250 g Cocktailtomaten
50 g schwarze Oliven ohne Stein
1 kleines Bund Basilikum
75 g Hüttenkäse (0,8 % Fett)
Salz, Pfeffer
2 TL Olivenöl

1 Die Tomaten waschen, trocknen und aushöhlen. Das geht am besten mit einem kleinen Kugelausstecher. Wer keinen Kugelausstecher hat, schneidet mit einem kleinen Messer die Deckel kegelförmig aus und löst mit einem kleinen Löffel die Kernchen heraus. Die Tomaten kopfüber auf Küchenpapier abtropfen lassen.

2 Oliven fein hacken, 2/3 des Basilikums in Streifen schneiden und mit dem Hüttenkäse vermengen. Mit wenig Salz und Pfeffer würzen und in die Tomaten füllen.

3 Kurz vor dem Servieren jede Tomate mit einigen Tropfen Olivenöl beträufeln und 1 Basilikumblättchen mit je 1 Holzstäbchen feststecken.

Pro Tomate 1 g E • 1 g F • 1 g KH • 20 kcal • 80 kJ • 0 g Ballaststoffe • 0 BE

Auberginenmus auf Roggenbrot

Zutaten

Für 16 Häppchen

500 g Auberginen
2 Zwiebeln
3 Knoblauchzehen
3 EL Olivenöl
Salz, Pfeffer
4 Scheiben getoastetes Roggenbrot
1/2 Bund Petersilie

1 Backofen auf 200 °C (Gas Stufe 3, Umluft 175 °C) vorheizen. Die Auberginen mit einer Gabel mehrfach einstechen. Im vorgeheizten Backofen garen, bis die Früchte weich sind.

2 Das Auberginenfruchtfleisch in der Küchenmaschine oder mit dem Schneidstab pürieren. Zwiebeln abziehen und fein hacken, Knoblauchzehen abziehen und in der Presse zerdrücken. Zusammen mit dem Olivenöl zum Auberginenpüree geben und verrühren. Mit Salz und Pfeffer würzen.

3 Das Mus für 1–2 Stunden kalt stellen und auf die Brotscheiben streichen. In Häppchen schneiden und mit Petersilienblättchen verzieren.

Tipp Das Auberginenmus können Sie auch auf Gurkenscheiben streichen oder als Dip zu Rettich-, Tomaten- oder Selleriestückchen servieren.

Pro Häppchen 1 g E • 2 g F • 6 g KH • 46 kcal • 190 kJ • 1 g Ballaststoffe • 0,5 BE

Eingelegte Zucchini

1 Zucchini in dicke Scheiben schneiden. Mit Salz bestreuen, einige Minuten »schwitzen« lassen und unter fließendem Wasser wieder abspülen.
2 Essig mit der Brühe aufkochen und die Zucchinischeiben 4–5 Minuten darin kochen. Abgießen und abtropfen lassen.
3 Für die Marinade die Zitrone auspressen und die Schale hauchdünn abreiben. Den Zitronensaft mit durchgepresstem Knoblauch, Zitronenschale und dem Olivenöl verrühren.
4 Die Marinade auf die noch warmen Zucchinischeiben geben. Durchmischen und 1 Stunde durchziehen lassen.
5 Die Zucchini abtropfen lassen, den Schinken in je 5 Streifen schneiden. Schinken und Zucchini mit Holzstäbchen feststecken.

Tipp Sie können auch halbierte Sardellen, hauchdünn geschnittene Putenbrust oder eine kleine Nocke Kräuterfrischkäse und ein Basilikumblättchen auf die Zucchinischeiben stecken.

Zutaten

Für 30 Häppchen

500 g Zucchini
2 TL Salz
1/8 l Weißweinessig
1/8 l Brühe
1/2 unbehandelte Zitrone
2 Knoblauchzehen
6 EL Olivenöl
6 Scheiben hauchdünner Schinken

Pro Portion 1 g E • 1 g F • 0 g KH • 8 kcal • 35 kJ • 0 g Ballaststoffe • 0 BE

Ob Party oder kaltes Büfett: Die eingelegten Zucchini sind ein Augen- wie auch Gaumenschmaus.

Lachsröllchen mit Ingwer

Zutaten

Für 8–10 Röllchen

2 EL Salatcreme
1 EL Sauerrahm (15 % Fett; z. B. Crème légère)
1/2 TL Wasabi (japanischer Meerrettich; Tube)
1 walnussgroßes Stück Ingwer
Flüssiger Süßstoff
Salz, Pfeffer
200 g Räucherlachs in dünnen Scheiben
1/2 Zitrone
Frisches Koriandergrün

1 In einer kleinen Schüssel Salatcreme, Sauerrahm und Wasabi verrühren. Ingwerwurzel mit dem Sparschäler schälen, fein hacken und zugeben. Mit Süßstoff, Salz und Pfeffer kräftig würzen.
2 Lachsscheiben mit der Ingwer-Meerrettich-Füllung bestreichen und vorsichtig aufrollen. Auf einer Servierplatte mit Zitronenscheiben und Koriandergrün anrichten.

Tipp Grüne Wasabi-Paste bekommen Sie in asiatischen Läden oder in der Spezialitäten-Abteilung des Supermarktes. Als Ersatz können Sie auch weißen Meerrettich verwenden.

Pro Röllchen (10 Stück) 4 g E • 3 g F • 1 g KH • 43 kcal • 182 kJ • 0 g Ballaststoffe • 0 BE

Gefüllte Eier

Zutaten

Für 12 Eihälften

6 Eier
100 g Tunfisch aus der Dose
4 EL fettarme Milch
1 EL gehackte Petersilie
1/2 EL Zitronensaft
Salz, Pfeffer
1 kleiner Kopf Eisbergsalat
3 Cocktailtomaten

1 Die Eier in etwa 8 Minuten hart kochen, die Schale ringsherum anknicken, für 5 Minuten in kaltes Wasser legen.
2 Die Eier pellen, längs halbieren und die Dotter vorsichtig herauslösen.
3 Eigelbe mit Tunfisch und Milch zu einer Creme pürieren. Petersilie und Zitronensaft dazugeben, mit Salz und Pfeffer würzen. Die Mischung mit einem Teelöffel wieder in die Eihälften füllen.
4 Den Eisbergsalat waschen, trockenschleudern und in feine Streifen schneiden. Auf eine Servierplatte geben und die gefüllten Eier darauf anrichten. Tomaten waschen, vierteln und die kleinen Viertel auf die Eihälften setzen.

Pro Portion 6 g E • 4 g F • 1 g KH • 62 kcal • 260 kJ • 0 g Ballaststoffe • 0 BE

Kichererbsencreme

Zutaten

Für 6 Portionen

1 kleine Dose Kichererbsen
3–5 Knoblauchzehen
1 Zitrone
Salz, Pfeffer
6–8 EL kalte Gemüsebrühe
2 EL gehackte Erdnüsse
1 EL Olivenöl
Cayennepfeffer
500 g Gemüse zum Dippen

1 Die abgetropften Kichererbsen mit abgezogenen Knoblauchzehen, ausgepresstem Zitronensaft, Salz, Pfeffer und Gemüsebrühe pürieren.
2 Die Erdnüsse und das Öl unter das Püree mixen. Mit Salz nachwürzen.
3 Die Kichererbsencreme auf flachen Tellern anrichten. Mit etwas Cayennepfeffer bestreuen und mit Gemüsestücken, beispielsweise von Staudensellerie, Möhren, Gurken oder Chicorée zum Dippen servieren.

Pro Portion 4 g E • 4 g F • 11 g KH • 104 kcal • 434 kJ • 4 g Ballaststoffe • 0,5 BE

Fingerfood entspricht dem Trend der Zeit: Lachsröllchen und gefüllte Eier lassen sich gut vorbereiten, machen viel her und sind echte Gaumenkitzler.

Couscous-Petersilien-Salat

1 Couscous nach Packungsanweisung mit kochendem Wasser übergießen und quellen lassen. Mit einer Gabel Zitronensaft und Öl unterrühren, dabei das Couscous auflockern.

2 Petersilie waschen, trockenschütteln und Blättchen von den Stängeln zupfen und grob hacken. Tomaten fein würfeln. Petersilie und Tomatenwürfel unter das Couscous heben, mit Salz, Pfeffer und Kreuzkümmel würzen.

3 Die Blätter vom Chicorée ablösen und je 1 Esslöffel Couscoussalat hineingeben. Auf einer flachen Servierplatte anrichten. Die inneren Blättchen des Chicorée hacken und darüber streuen.

Zutaten

Für 6–8 Portionen

125 g Couscous
2 EL Zitronensaft
2 EL Olivenöl
3 Bund glatte Petersilie
250 g Tomaten
Salz, Pfeffer, Kreuzkümmel
1 große Staude Chicorée

Pro Portion 2 g E • 3 g F • 13 g KH • 88 kcal • 367 kJ • 2 g Ballaststoffe • 1 BE

Hefeteigtaschen – Grundrezept

Zutaten

Für 15 Teigtaschen

200 g Weizenvollkornmehl
250 g Weizenmehl, Type 405
50 g Inulin
1 TL Salz
1 Päckchen Trockenbackhefe
125 g aufgetauter und ausgedrückter TK-Spinat, Möhrenraspel oder fein gehackte Paprikaschote
3-4 EL Rapsöl
Mehl für die Arbeitsfläche
1 Eigelb
1 EL Milch
1 EL Sesam, Mandelblättchen oder gehackte Erdnüsse

1 Weizenmehle, Inulin, Salz und Trockenbackhefe in einer ausreichend großen Schüssel mischen. Spinat, Möhrenraspel oder Paprikastückchen, 200 Milliliter Wasser und das Rapsöl zugeben und alle Zutaten mit den Knethaken des Handmixers zu einem glatten Teig verkneten.

2 Den Teig zugedeckt etwa 1 Stunde gehen lassen, bis sich das Teigvolumen verdoppelt hat.

3 Backofen auf 200 °C (Gas Stufe 3, Umluft 175 °C) vorheizen. Den Teig auf einer leicht bemehlten Arbeitsfläche ausrollen und Kreise von etwa 7 Zentimeter Durchmesser ausstechen (z. B. mit einem Trinkglas). Die Hälfte der Kreise mit 1 Esslöffel einer der Füllungen belegen und mit den übrigen Kreisen bedecken. Die Teigtaschen rundherum fest andrücken, z. B. mit den Zinken einer Gabel.

4 Eigelb mit Milch verrühren und die Teigtaschen damit bepinseln. Mit Sesam, Mandelblättchen oder Erdnüssen bestreuen und auf ein mit Backpapier belegtes Blech legen.

5 Im vorgeheizten Backofen etwa 20 Minuten backen. Die Teigtaschen schmecken heiß oder lauwarm.

Tipp Fertig gebackene Teigtaschen lassen sich gut einfrieren. Geben Sie die Teigtaschen unaufgetaut auf ein mit Backpapier belegtes Blech und backen Sie sie etwa 10 Minuten bei 200 °C im Backofen auf.
Wenn Sie alle oder mehrere Füllungen zubereiten möchten, können Sie die einzelnen Teigtaschen durch die Nüsse und Samen kennzeichnen, mit denen Sie die Taschen bestreuen. So können Sie die Teigtaschen auch nach dem Backen gut auseinander halten.

Garnelen-Quark-Füllung mit Dill

Zutaten

Für 15 Teigtaschen

1 Zwiebel
1 EL Rapsöl
300 g tiefgekühltes Bouillongemüse
250 g Tiefseegarnelen (tiefgefroren und aufgetaut oder aus der Lake und abgetropft)
2 EL Mager- oder Buttermilchquark
1 EL Meerrettich
1 Bund gehackter Dill
Salz, weißer Pfeffer

1 Zwiebel abziehen und fein würfeln. Öl in einem Topf erhitzen, Zwiebelwürfel und tiefgekühltes Bouillongemüse darin in etwa 5 Minuten glasig dünsten.

2 Garnelen, Quark, Meerrettich und Dill untermischen und mit Salz und weißem Pfeffer würzen.

3 Füllung auf die Teigkreise geben und wie im Grundrezept weiterarbeiten.

Tipp Statt der Garnelen kann man auch Surimi würfeln und unterheben. Surimi ist eine fettarme und eiweißreiche Zubereitung aus Fischeiweiß und wird meist zu Stangen geformt angeboten.

Pro Teigtasche 8 g E • 4 g F • 22 g KH • 164 kcal • 688 kJ • 6 g Ballaststoffe • 2 BE

Hähnchen-Gemüse-Füllung mit Ingwer

1 Das Gemüse waschen und putzen. Paprikaschote in feine Streifen, Frühlingszwiebeln in Ringe schneiden, die Sprossen grob hacken. Knoblauchzehe und Ingwer schälen, beides fein hacken.
2 Hähnchenbrust würfeln und im heißen Öl anbraten. Knoblauch, Ingwer und Currypulver zugeben und glasig dünsten. Paprikastreifen zugeben und 5 Minuten zugedeckt bei mittlerer Hitze garen. Frühlingszwiebeln zugeben und offen garen, bis die Flüssigkeit verdunstet ist.
3 Korianderblättchen und Sojasprossen unterheben und alles mit Salz und Pfeffer würzen.
4 Füllung auf die Teigkreise geben und wie im Grundrezept weiterarbeiten.

Tipp Für eine schärfere Variante schmecken Sie die Füllung mit Sambal oelek oder Cayennepfeffer ab.

Zutaten

Für 15 Teigtaschen

1 rote Paprikaschote
1 Bund Frühlingszwiebeln
50 g Sojasprossen
1 Knoblauchzehe
1 haselnussgroßes Stück Ingwer
250 g Hähnchenbrustfilet
1 EL Rapsöl
1 TL mildes Currypulver
2 EL Korianderblättchen
Salz, Pfeffer

Pro Teigtasche 2 g E • 4 g F • 23 g KH • 167 kcal • 700 kJ • 6 g Ballaststoffe • 2 BE

Die Hefeteigtaschen machen zwar ein bisschen Mühe, sind aber eine perfekte optische wie geschmackliche Ergänzung auf Ihrem Büfetttisch.

Gute Drinks für alle Fälle

Wenn bei einer Feier alle ein Glas in der Hand halten, will niemand gern zurückstehen. Hier kommen kalorienarme Drinks ohne Alkohol. Ideal für alle, die gerade auf der Kalorienbremse stehen und gern etwas abnehmen möchten.

Melow-Drink

Zutaten

Für 1 Drink

1/2 Cantaloupmelone (oder eine andere Melonensorte)
1 haselnussgroßes Stück Ingwer
Etwas gestoßenes Eis

1 Die Melone schälen, eine kleine Spalte beiseite legen, das restliche Fruchtfleisch in mundgerechte Stücke würfeln. Den Ingwer schälen und in Scheiben schneiden.

2 Melone und Ingwer im Mixer fein zerkleinern.

3 Ein hohes Glas mit Eis füllen, den Fruchtsaft darübergießen. Den Drink mit einer Melonenspalte dekorieren.

Pro Portion 1 g E • 0 g F • 7 g KH • 35 kcal • 150 kJ • 1 g Ballaststoffe • 0,5 BE

Wild Heat

Zutaten

Für 1 Drink

1 unbehandelte Limette
200 ml Tomatensaft
Salz
Tabasco
Einige Eiswürfel
Cocktailtomaten zum Dekorieren

1 Die Limettenschale dünn abschälen, Saft auspressen.

2 Tomatensaft mit 2 Esslöffeln Limettensaft, Salz und 1 Schuss Tabasco mixen.

3 Den Tomatendrink mit den Eiswürfeln in ein hohes Glas füllen und die Limettenschale und Cocktailtomaten dekorativ über den Glasrand hängen.

Pro Portion 2 g E • 1 g F • 7 g KH • 48 kcal • 200 kJ • 0 g Ballaststoffe • 0,5 BE

Holunder-Punsch

Zutaten

Für 4 Drinks

1 Apfel
300 ml Holunderbeersaft
400 ml Apfelsaft
2 EL Rosinen
1 Beutel Glühweingewürz (z.B. Glühfix)

1 Den Apfel schälen und fein würfeln.

2 Den Holunderbeersaft und den Apfelsaft mit den Apfelwürfeln und Rosinen einmal aufkochen, den Topf vom Herd ziehen und den Beutel mit dem Glühweingewürz hineinhängen.

3 Den Teebeutel 5 Minuten ziehen lassen, herausnehmen und den Punsch sofort heiß servieren.

Tipp Versuchen Sie den Drink auch einmal mit Birnenwürfeln und -saft.

Pro Portion 2 g E • 1 g F • 28 g KH • 138 kcal • 580 kJ • 1 g Ballaststoffe • 2,5 BE

Guarana High

1 Den Teebeutel mit 150 Milliliter kochendem Wasser überbrühen. 5 Minuten ziehen lassen, den Beutel entfernen und den Tee kalt stellen.

2 Mit dem Traubensaft mischen und auf gestoßenem Eis servieren. Die Weintrauben auf einen kleinen Holzspieß stecken und das Glas damit dekorieren.

Zutaten

Für 1 Drink

1 Teebeutel Guarana-Tee
150 ml roter Traubensaft
Etwas gestoßenes Eis
Einige Weintrauben

Pro Portion	1 g E • 0 g F • 26 g KH • 118 kcal • 496 kJ • 0 g Ballaststoffe • 2 BE

Pink Dream

1 Das Preiselbeermark mit dem Grapefruitsaft und einigen Tropfen flüssigem Süßstoff verrühren.

2 Alles in ein kaltes Glas füllen und mit etwas Pfeffer bestreut und einem Melisseblättchen garniert servieren.

Zutaten

Für 1 Drink

2 EL Preiselbeermark (Reformhaus)
Saft von 1 Grapefruit
Flüssiger Süßstoff
Pfeffer
Melisseblättchen

Pro Portion	2 g E • 1 g F • 28 g KH • 149 kcal • 623 kJ • 0 g Ballaststoffe • 2,5 BE

Bunt, fruchtig und garantiert alkoholfrei: Diese Drinks (links: Wild Heat, Mitte: Pink Dream, rechts: Melow-Drink) machen Laune und sind obendrein noch gesund.

Die Transportablen

Wer privat und beruflich viel unterwegs ist, weiß, wie schwierig es bisweilen ist, an Imbissständen und in Restaurants vollwertig und kalorienarm zu essen. Manchmal reicht die Zeit nicht einmal aus, um sich im Vorübergehen etwas Obst einzukaufen. Fitnessproviant aus der eigenen Küche ist deshalb angesagt. Dieses Kapitel bietet praktische, leicht vorzubereitende und diabetesgerechte Snacks, Getränke und Zwischenmahlzeiten. Gut verpackt kann man sie entweder ins Büro mitnehmen, als Reiseproviant in die Tasche stecken oder für ein kleines Picknick im Grünen vorbereiten.

Bananenbrötchen mit Quark

1 Das Roggenbrötchen halbieren und beide Hälften mit Magerquark bestreichen.
2 Die Banane in Scheiben schneiden und die untere Brötchenhälfte damit belegen. Zimt, Nüsse und Leinsamen darüber streuen und mit der zweiten Brötchenhälfte belegen. Das Brötchen fest in Frischhaltefolie wickeln.

Tipp Je nach Jahreszeit passen auch klein geschnittene Erdbeeren, Aprikosen oder Birnen auf das fruchtig frische Brot.

Zutaten

Für 1 Portion

1 Roggenbrötchen
2 EL Magerquark
1 kleine Banane
1 Msp. Zimt
2 TL Haselnussblättchen
1 TL geschroteter Leinsamen

Pro Portion 13 g E • 8 g F • 35 g KH • 270 kcal • 1135 kJ • 7 g Ballaststoffe • 3 BE

Hüttensandwich mit Aprikosen

1 Die beiden Brotscheiben mit Hüttenkäse bestreichen.
2 Aprikosen in dünne Streifen schneiden, Zitronenmelisse waschen, trockenschütteln, Blättchen von den Stängeln zupfen und fein hacken. Die Aprikosenstreifen, gehackte Zitronenmelisse und Pistazien auf einer Brotscheibe verteilen. Die andere Brotscheibe darauf setzen und etwas andrücken. Das Hüttensandwich fest in Frischhaltefolie wickeln.

Zutaten

Für 1 Portion

2 Scheiben Leinsamenbrot
60 g Hüttenkäse (0,5 oder 0,8 % Fett)
30 g Soft-Aprikosen
Einige Blättchen Zitronenmelisse
2 TL Pistazien

Pro Portion 18 g E • 8 g F • 55 g KH • 368 kcal • 1544 kJ • 11 g Ballaststoffe • 4,5 BE

Schoko-Minz-Sandwich

1 Magerquark mit Sauerrahm, Mineralwasser und Kakao verrühren. Mit etwas Süßstoff abschmecken und die Creme auf die Sandwichscheiben streichen.
2 Minzeblättchen und Mandelblättchen auf der Schokocreme verteilen.
3 Die Sandwichscheiben zusammenklappen, eventuell diagonal halbieren und fest in Frischhaltefolie wickeln.

Tipp Sandwichbrote sind hell und leicht. Das Wort Vollkorn auf ihrer Verpackung bedeutet nicht, dass dieses Brot komplett aus Vollkornmehl besteht. Der Gesetzgeber schreibt – wie bei Vollkornbrötchen und -toast – nur einen Mindestanteil von 30 Prozent vor. Echte Vollkornbrote müssen zu mindestens 90 Prozent aus Vollkornmehl gebacken werden.

Zutaten

Für 1 Portion

2 EL Magerquark
2 TL Sauerrahm (15 % Fett; z. B. Crème légère)
2–3 EL Mineralwasser
1/2 TL Kakao
Flüssiger Süßstoff
2 Scheiben Vollkorn-Sandwichbrot
1 EL Minzeblättchen
1 EL Mandelblättchen

Pro Portion 14 g E • 10 g F • 31 g KH • 268 kcal • 1126 kJ • 6 g Ballaststoffe • 2,5 BE

Aprikosenbällchen

Zutaten

Für 20 Stück

250 g Soft-Aprikosen
50 g Erdnüsse (ungesalzen)
75 g resistente Stärke
30 g Inulin
30 g Haferflocken
3–5 EL Fruchtsaft (Orange-, Multivitamin- oder Apfelsaft)
50 g Sonnenblumenkerne
Etwas Kartoffelstärkemehl

1 Aprikosen und Erdnüsse im Blitzhacker oder in der Küchenmaschine fein zerkleinern.

2 In der Küchenmaschine den Messereinsatz gegen den Rührhaken austauschen oder die Masse in eine Schüssel füllen und mit den Knethaken des Handmixers weiterarbeiten.

3 Resistente Stärke, Inulin und Haferflocken zugeben und unterrühren. Den Fruchtsaft nach und nach zugeben, bis eine feste Masse entsteht. Die Sonnenblumenkerne unterkneten.

4 Die Hände leicht mit Stärkemehl bestäuben und walnussgroße Bällchen formen. Auf ein mit Backpapier belegtes Blech legen und mit einem sauberen Küchenhandtuch bedecken. Die Bällchen 2 Tage trocknen lassen und dann kühl und trocken lagern.

Pro Bällchen 2 g E • 3 g F • 12 g KH • 83 kcal • 350 kJ • 3 g Ballaststoffe • 1 BE

Aprikosenbällchen sind eine fruchtige Zwischenmahlzeit mit ganz wenig Kalorien.

Erdbeermüsli

1 Den Jogurt mit resistenter Stärke, Zitronensaft und ein paar Tropfen Süßstoff verrühren und in ein Schraubglas oder eine dicht schließende Kunststoffschüssel füllen. Die Erdbeeren putzen, vierteln und auf den Jogurt geben.
2 Haferflocken, Weizenkleie und Leinsamen auf die Erdbeeren geben, Glas oder Schüssel fest verschließen. Das Müsli erst direkt vor dem Essen verrühren.

Tipp Sie können natürlich auch das Zimtmüsli oder das Frischkornmüsli aus dem Basics-Kapitel (→ Seite 27) mitnehmen. Dabei etwas mehr Flüssigkeit zugeben als sonst, weil die Zutaten mit der Zeit aufquellen.

Zutaten
Für 1 Portion
1 Becher fettarmer Naturjogurt (150 g)
1 TL resistente Stärke
1 EL Zitronensaft
Flüssiger Süßstoff
150 g Erdbeeren
3–4 EL kernige Haferflocken
1 EL Weizenkleie
1 EL geschroteter Leinsamen

Pro Portion 14 g E • 9 g F • 41 g KH • 310 kcal • 1297 kJ • 12 g Ballaststoffe • 3,5 BE

Lachsschinkenbrötchen mit Kiwi

1 Das Brötchen halbieren und mit Margarine bestreichen. Die Kiwi schälen und in dünne Scheiben schneiden.
2 Die untere Brötchenhälfte mit Chicoréeblättern, Lachsschinken und Kiwischeiben belegen, etwas Pfeffer darüber streuen und die obere Hälfte darauf setzen. Fest in Frischhaltefolie einwickeln.

Tipp Für die belegten Brote in diesem Kapitel eignen sich die selbst gebackenen Brote und die Gemüsebrötchen (→ Seite 42–43) besonders gut.

Zutaten
Für 1 Portion
1 Vollkorn-Baguettebrötchen
2 TL Diät-Halbfettmargarine
1 Kiwi
Einige Blätter Chicorée
2 Scheiben Lachsschinken ohne Fettrand
Pfeffer

Pro Portion 9 g E • 8 g F • 32 g KH • 248 kcal • 1033 kJ • 6 g Ballaststoffe • 2,5 BE

ESSEN SIE GENUG PROTEIN?

Proteinreiche Lebensmittel	Eiweiß/g	Kcal
50 g Harzer Käse	14	62
50 g Hähnchen- oder Putenbrust (Aufschnitt)	14	64
50 g geräucherte Makrele	10	96
50 g Räucherlachs	10	69
1 Ei	8	92
0,2 l fettarme Milch	7	96
50 g Hüttenkäse (0,8% Fett) oder Magerquark	7	32
150 g fettarmer Naturjoghurt	5	69

Diabetiker haben es leichter, einen stabilen Blutzucker zu halten, wenn sie ausreichende Mengen Nahrungseiweiß essen. Aber wie viel Eiweiß ist genug? Die Deutsche Gesellschaft für Ernährung sagt, dass 0,8 Gramm für jedes Kilogramm Körpergewicht gut ausreichen. Wer also 70 Kilogramm wiegt, benötigt etwa 56 Gramm.

Sprossenbrot mit Käse

Zutaten

Für 1 Portion

2 Scheiben Vollkornbrot
1 TL Senf
1 TL Salatcreme
Einige Blätter Radicchio
1 Scheibe Käse (30% F. i. Tr.)
30 g frische Sprossen (z. B. Alfalfa)

1 Je 1 Scheibe Brot mit Senf und Salatcreme bestreichen, den Radicchio in Streifen schneiden.

2 Radicchiostreifen auf einem Brot verteilen, den Käse darauf legen. Die Sprossen darauf verteilen und das andere Brot darüber klappen. Das Brot halbieren und fest in Frischhaltefolie wickeln.

Tipp Alfalfa-Sprossen findet man in jedem gut sortierten Supermarkt, der eine Kühltheke in der Gemüseabteilung hat. Die zarten hellgrünen Sprossen liefern Vitamin C, die oft knappe Folsäure, Spurenelemente und eine Reihe von nützlichen Pflanzenstoffen, darunter auch so genannte Saponine, die helfen, den Fettstoffwechsel zu regulieren. Wie fett ist Käse? Keine einfache Frage. Denn die Fettangabe bezieht sich auf die Trockenmasse des Käses. Weichkäse besteht zu 50 Prozent aus Wasser, der harte Parmesan dagegen nur zu 30 Prozent. Weichkäse sind also fettärmer als Schnittkäse. In 100 Gramm Camembert mit 50 Prozent Fett in der Trockenmasse (Abkürzung auf der Packung: »i. Tr.«) steckt deshalb nur gut 25 Gramm Milchfett, ein 30-prozentiger Camembert hat nur 13 Gramm Fett und ein 40-prozentiger Quark enthält nur etwa 10 Gramm.

Pro Portion 17 g E • 8 g F • 40 g KH • 306 kcal • 1280 kJ • 10 g Ballaststoffe • 3 BE

Melonen-Schinken-Sandwich

Zutaten

Für 1 Portion

1/2 Bund Rucola
1 EL Pinienkerne
2 EL Buttermilch- oder Magerquark
2 Scheiben Vollkorntoast
Pfeffer
50 g Galiamelone (oder eine andere Sorte)
30 g hauchdünn geschnittene, geräucherte Putenbrust

1 Rucola waschen, putzen und in feine Streifen schneiden, die Pinienkerne hacken. Den Quark mit Rucola und Pinienkernen mischen und auf beide Toastscheiben streichen. Mit etwas Pfeffer würzen.

2 Die Melone schälen, Kerne entfernen und hauchdünn schneiden. Melone und Putenbrust auf der einen Scheibe Toastbrot verteilen, die andere darauf legen und etwas andrücken. Die Toastscheiben diagonal halbieren und fest in Frischhaltefolie wickeln.

Tipp Auch Kochschinken und Hähnchenbrust gibt es in jedem Supermarkt als hauchdünn geschnittenen Aufschnitt zu kaufen.

Pro Portion 17 g E • 9 g F • 34 g KH • 286 kcal • 1200 kJ • 5 g Ballaststoffe • 3 BE

Tunfisch-Roggenstange mit Kapern

Zutaten

Für 1 Portion

1 kleine Dose Tunfisch im eigenen Saft
1 EL Tomatenmark
1 TL Olivenöl
2 TL gehackte Kapern
Pfeffer
1 Roggenstange
Einige Blättchen Basilikum

1 Den Tunfisch in einem Sieb abtropfen lassen und Tomatenmark, Olivenöl und die Kapern mit einer Gabel so unterrühren, dass eine streichfähige Creme entsteht. Mit frisch gemahlenem Pfeffer pikant würzen.

2 Die Roggenstange halbieren und die Tunfischcreme auf die untere Hälfte streichen. Mit Basilikumblättchen belegen und die obere Hälfte der Roggenstange darauf setzen. Fest in Frischhaltefolie wickeln.

Pro Portion 19 g E • 6 g F • 31 g KH • 257 kcal • 1075 kJ • 5 g Ballaststoffe • 2,5 BE

Paprika-Ei-Brot mit Schnittlauch

Zutaten

Für 1 Portion

2 Scheiben Vollkornbrot
2 EL Ajvar (Paprikazubereitung im Glas)
2 EL Schnittlauchröllchen
1 hart gekochtes Ei
Einige Blätter Salat

1 Die Brotscheiben mit Ajvar bestreichen und mit den Schnittlauchröllchen bestreuen.

2 Das Ei pellen und entweder mit einem Messer oder dem Eierschneider in Scheiben schneiden. Eine Brotscheibe mit den Eischeiben und Salatblättern belegen und die zweite Scheibe Vollkornbrot darüber klappen. Das Eibrot fest in Frischhaltefolie wickeln.

Pro Portion 15 g E • 9 g F • 41 g KH • 308 kcal • 1288 kJ • 10 g Ballaststoffe • 3,5 BE

ZINK – EIN WICHTIGES SPURENELEMENT

Ist der Zuckerstoffwechsel gestört, leiden die Körperzellen unter dem Stress, der durch freie Radikale, also durch »scharf gemachte« Sauerstoffmoleküle erzeugt wird. Deshalb haben Diabetiker einen hohen Bedarf an Antioxidantien, wie z. B. dem Spurenelement Zink. Hinzu kommt, dass Diabetiker mit ihrem Urin mehr Zink ausscheiden als gesunde Menschen. Es geht also eine Menge des wertvollen Stoffs verloren.

Lebensmittel mit reichlich Zink (Zinkgehalt pro 100 g Lebensmittel)

Weizenkleie	13,3 mg	Miesmuscheln	2,7 mg
Sesamsaat	7,8 mg	Vollkornbrot	2,4 mg
Kürbiskerne	7,0 mg	Schweinefleisch, mager	2,0 mg
Sonnenblumenkerne	5,1 mg	Putenbrust	1,8 mg
Lammfleisch, mager	4,8 mg	Hühnerei	1,4 mg
Rindfleisch, mager	4,3 mg	Hähnchenfleisch	1,0 mg
Goudakäse	3,8 mg	Hering	1,0 mg

Möhrencreme mit Meerrettich

Zutaten

Für 2 Portionen

350 g Möhren
1/8 l Gemüsebrühe (selbst gekocht oder instant)
2 Messlöffel pflanzlicher Saucenbinder (z. B. Biobin)
50 g fettarmer Jogurt
3 EL Weizenkleie
2–3 TL Meerrettich (Glas oder Tube)
3–4 EL Schnittlauchröllchen
Salz, Pfeffer

1 Die Möhren schälen, klein schneiden und in der Brühe 15–20 Minuten zugedeckt garen.
2 Möhren und Gemüsebrühe etwas abkühlen lassen und zusammen mit dem Saucenbinder, Jogurt, Kleie und Meerrettich im Mixer oder mit dem Schneidstab pürieren.
3 Die Schnittlauchröllchen unterheben und mit Salz und Pfeffer würzen.
4 Die Creme können Sie als Brotaufstrich verwenden. Oder Sie füllen die Creme in ein Schraubglas oder eine dicht schließende Kunststoffschüssel und dippen sie mit Gemüsesticks oder Brotstreifen auf.

Pro Portion 5 g E • 4 g F • 11 g KH • 106 kcal • 445 kJ • 13 g Ballaststoffe • 0,5 BE

Kichererbsen-Curry-Creme

Zutaten

Für 2 Portionen

1 kleine Dose Kichererbsen (240 g Abtropfgewicht)
100 ml Möhren- oder Gemüsesaft
1/2 Bund Koriander
1 EL gehackte Kürbiskerne
Salz, Currypulver

1 Kichererbsen abtropfen lassen und mit dem Möhrensaft in ein hohes Gefäß geben. Mit dem Schneidstab pürieren.
2 Koriander und Kürbiskerne unter die Creme heben und mit Salz und Curry kräftig würzen.
3 Die Creme können Sie als Brotaufstrich verwenden. Oder Sie füllen die Creme in ein Schraubglas oder eine dicht schließende Kunststoffschüssel und dippen sie mit Gemüsesticks oder Brotstreifen auf.

Tipp Beide Cremes können Sie Ihren Gästen auch als Dip zusammen mit Gemüse- und Knäckebrotstreifen anbieten.

Pro Portion 11 g E • 6 g F • 24 g KH • 192 kcal • 800 kJ • 7 g Ballaststoffe • 1 BE

VITAMINE IN PILLENFORM

Führende Ernährungsexperten empfehlen Nahrungsergänzungsmittel für Diabetiker, vor allem B-Vitamine und Folsäure, die Vitamine C und E, die Mineralstoffe Kalzium und Magnesium, außerdem die Spurenelemente Selen, Zink und Chrom. Doch sind einige Grundsätze zu beachten. Vor der Einnahme von Vitaminpillen sollten Sie Ihren Eisenspiegel im Blut (Ferritin und Transferrin) untersuchen lassen. Schwimmt bereits zu viel Eisen im Blut, stört dies die Wirkung des Insulins. Zur Sicherheit sollten Sie nicht mehr als eine Tagesdosis eines Vitaminpräparats nehmen. Die fettlöslichen Vitamine A und D dürfen keinesfalls überdosiert werden. Also: Hoch dosierte Vitamin- und Mineralstoffpräparate nur nach Rücksprache mit dem Arzt einnehmen!

Matjessalat mit Curry

1 Den Jogurt mit Curry und Inulin verrühren.
2 Gekochte Kartoffeln pellen und in Scheiben, Matjesfilet in Streifen schneiden, Frühlingszwiebeln in Ringe schneiden und unter den Curry-Jogurt heben. Den Salat in ein Schraubglas oder eine dicht schließende Kunststoffschüssel füllen.
3 Eisbergsalat putzen, waschen, trockenschütteln, in Streifen schneiden und locker auf den Salat streuen. Erst unmittelbar vor dem Essen die Salatstreifen unterheben.

Zutaten

Für 1 Portion

100 g fettarmer Naturjogurt
1 TL mildes Currypulver
1 TL Inulin
200 g gekochte Kartoffeln
1 Matjesfilet
2–3 Frühlingszwiebeln
50 g Eisbergsalat

Pro Portion 17 g E • 12 g F • 28 g KH • 300 kcal • 1253 kJ • 9 g Ballaststoffe • 2 BE

Matjessalat mit Curry ist ein praktisches Gericht, das Sie ins Büro oder zum Picknick mitnehmen können.

Fenchel-Orangen-Salat

Zutaten

Für 1 Portion

1 große Orange
1 kleine Fenchelknolle (200 g)
40 g Putenbrustaufschnitt
2 TL Olivenöl
Salz, Pfeffer
1–2 TL Kapern
1 Vollkornbrötchen

1 Die Orange über einer Schüssel wie einen Apfel schälen, so dass die weiße Haut vollständig entfernt wird, dabei den Saft auffangen. Die Orange in mundgerechte Stücke schneiden. Die Fenchelknolle putzen und vierteln, das Fenchelgrün zur Seite legen und die Viertel in feine Scheiben hobeln. Die Putenbrust in Streifen schneiden.

2 Den Orangensaft in der Schüssel mit dem Öl verquirlen, mit Salz und Pfeffer würzen. Orange, Fenchel, Putenbrust und Kapern zugeben und vorsichtig unterheben. Das Fenchelgrün hacken und darüber streuen.

3 In ein Schraubglas oder eine dicht schließende Kunststoffschüssel füllen, das Vollkornbrötchen dazu essen.

Pro Portion 22 g E • 8 g F • 43 g KH • 344 kcal • 1440 kJ • 14 g Ballaststoffe • 3 BE

Linsensalat mit Hüttenkäse

Zutaten

Für 1 Portion

250 g Linsen (aus der Dose)
1 Zwiebel
1 Knoblauchzehe
1 Paprikaschote
2 TL Rapsöl
1–2 TL Currypulver
2 EL Hüttenkäse (0,5 oder 0,8 % Fett)
Salz und Pfeffer

1 Die Linsen in ein Sieb abgießen. Zwiebel und Knoblauchzehe abziehen und fein würfeln.

2 Paprikaschote entkernen, waschen und in schmale Streifen schneiden. Paprikastreifen, Zwiebel- und Knoblauchwürfel in einem Topf im heißen Öl 3 Minuten andünsten.

3 Die Paprika-Zwiebel-Mischung mit Currypulver überstäuben, die abgetropften Linsen dazugeben, alles gut umrühren und abkühlen lassen. Den Hüttenkäse unterheben, mit Salz und Pfeffer abschmecken. Den Linsensalat in ein Schraubglas oder eine dicht schließende Kunststoffschüssel füllen.

Pro Portion 14 g E • 7 g F • 18 g KH • 194 kcal • 814 kJ • 8 g Ballaststoffe • 1 BE

SALATE NACH SAISON

Diabetiker können sich im Sommer üppige Portionen Blattsalat schmecken lassen. In der kalten Jahreszeit sind Rohkostsalate aus Wintergemüsen günstiger. Besonders gut schmecken geraspelte oder klein geschnittene rohe Möhren, Sellerie, Fenchel, Porree, Weiß- oder Rotkohl. In diesen deftigen und preisgünstigen Gemüsesorten stecken reichlich Ballaststoffe, die den Magen ohne viel Kalorien füllen. Außerdem enthalten sie – im Vergleich zu Blattsalaten, die aus dem Treibhaus kommen – mehr anregende ätherische Öle und ein Vielfaches an Vitaminen.

Mittelmeergemüse mit Rosmarin

1 Das Gemüse putzen, Sellerie in Scheibchen schneiden, Zucchini und Paprikaschote würfeln. Frühlingszwiebeln in dünne Ringe schneiden.

2 Öl erhitzen und das Gemüse (ohne Frühlingszwiebeln) 5 Minuten dünsten.

3 Tomatenstückchen und Rosmarinzweige zugeben und die Pfanne vom Herd ziehen. Kräftig mit Salz und Pfeffer würzen und Gemüse in ein Schraubglas oder eine dicht schließende Kunststoffschüssel füllen. Die Frühlingszwiebeln darüber streuen und erst direkt vor dem Essen unterheben.

4 Das Knäckebrot in Frischhaltefolie wickeln und dazu essen.

Pro Portion 10 g E • 8 g F • 43 g KH • 298 kcal • 1248 kJ • 11 g Ballaststoffe • 2 BE

Zutaten

Für 1 Portion

2 Stangen Staudensellerie
1 kleine Zucchini
1 rote Paprikaschote
2 Frühlingszwiebeln
2 TL Öl
1/2 Packung Tomatenstückchen mit Knoblauch (180 g, z. B. Tomato al gusto)
1 Zweig frischer Rosmarin
Salz, Pfeffer
3 Scheiben Knäckebrot

Das bringt ein bisschen Urlaubssonne in den Alltag: Mittelmeergemüse mit Rosmarin zum Mitnehmen.

Weizensalat, Krabben und Papaya

Zutaten

Für 1 Portion

50 g Zartweizen (Ebly)
1 rote Zwiebel
1/2 Papaya (150 g)
5 EL Gemüsebrühe (selbst gekocht oder instant)
2–3 EL Zitronensaft
2 TL Olivenöl
Salz, Cayennepfeffer, flüssiger Süßstoff
50 g Nordseekrabben oder Eismeergarnelen
1/2 Bund Petersilie

1 Den Weizen nach Packungsanweisung 20 Minuten garen.
2 Zwiebel abziehen und in dünne Ringe schneiden. Papaya schälen, die Kerne entfernen, Papaya würfeln.
3 Gemüsebrühe mit Zitronensaft und Öl verrühren, mit Salz, Cayennepfeffer und Süßstoff würzen.
4 Zartweizen, Zwiebelringe, Papayawürfel und Krabben mit der Salatsauce mischen und in ein Schraubglas oder eine dicht schließende Kunststoffschüssel füllen. Petersilienblättchen von den Stängeln zupfen und locker auf den Salat streuen, aber erst kurz vor dem Essen unterheben.

Tipp Für eine vegetarische Variante tauschen Sie die Krabben gegen geräucherte Tofuwürfel aus.

Pro Portion 17 g E • 8 g F • 45 g KH • 320 kcal • 1355 kJ • 6 g Ballaststoffe • 3,5 BE

Laugenstange mit Räucherforellen-Aufstrich

Zutaten

Für 1 Portion

1/4 Apfel
1 kleine Gewürzgurke
1 geräuchertes Forellenfilet
2 EL Buttermilch- oder Magerquark
1–2 TL Meerrettich
Pfeffer
1 Laugenstange
1/4 Beet Kresse

1 Den Apfel schälen und die Kerne herausschneiden. Apfel, Gewürzgurke und Forellenfilet fein würfeln.
2 Apfel-, Gurken- und Forellenwürfel mit Quark und Meerrettich verrühren, mit etwas Pfeffer würzen.
3 Die Laugenstange halbieren, den Aufstrich auf der unteren Hälfte verteilen. Den Räucherforellen-Aufstrich mit Kresse bestreuen und die zweite Hälfte der Stange darauf setzen. Fest in Frischhaltefolie wickeln.

Pro Portion 25 g E • 6 g F • 27 g KH • 268 kcal • 1127 kJ • 1 g Ballaststoffe • 2,5 BE

VIEL OBST UND GEMÜSE TÄGLICH – SO KLAPPT ES!

- Bereiten Sie sich morgens ein Müsli mit frischen Früchten zu oder essen Sie Obst oder Tomaten zu Ihrem Brot dazu.
- Essen Sie zwei- bis dreimal pro Woche einen großen bunten Salat zum Mittagessen.
- Beginnen Sie das Abendessen mit einem Salat oder einer Portion Gemüse. Nie ein Butterbrot essen ohne ein paar Gurken, Tomaten, Radieschen oder ein Glas Gemüsesaft.
- Heben Sie zum Rohessen klein geschnittenes Gemüse wie etwa Möhren, Staudensellerie, Kohlrabi oder Paprikaschoten griffbereit im Kühlschrank auf. Stellen Sie das Gemüse bei jeder Mahlzeit mit auf den Tisch, damit Sie jederzeit zugreifen können.
- Wer wenig Zeit hat, verwendet tiefgefrorenes Gemüse in Suppen, Gratins und Eintöpfen.

Bohnensalat mit Räucherlachs

1 Die Bohnen putzen und in mundgerechte Stücke brechen. In kochendem Salzwasser in etwa 10 Minuten bissfest garen, abtropfen und abkühlen lassen.
2 Gemüsebrühe mit Rapsöl, Senf und gehacktem Dill verrühren, mit Salz, Pfeffer und Süßstoff würzen. Die Sauce in ein Schraubglas oder eine dicht schließende Kunststoffschüssel füllen, die Bohnen ebenfalls einfüllen.
3 Champignons in Scheiben, Räucherlachs in Streifen schneiden. Beides auf die Bohnen geben, aber nicht umrühren.
4 Erst kurz vor dem Essen den Salat vorsichtig durchmischen, das Brötchen dazu essen.

Tipp Statt Räucherlachs können Sie auch Putenbrust oder Lachsschinken ohne Fettrand verwenden.

Zutaten

Für 1 Portion

150 g grüne Bohnen
Salz
5 EL Gemüsebrühe (selbst gekocht oder instant)
2 TL Rapsöl
2 TL mittelscharfer Senf
2 EL gehackter Dill
Pfeffer, flüssiger Süßstoff
50 g Champignons
50 g Räucherlachs
1 Vollkornbrötchen

Pro Portion 20 g E • 8 g F • 32 g KH • 283 kcal • 1190 kJ • 9 g Ballaststoffe • 2,5 BE

Der Bohnensalat mit Räucherlachs ist eine vollwertige Mahlzeit, die Sie mit viel Eiweiß versorgt und lange sättigt.

Bananenkefir

Zutaten

Für 1 Drink

1 kleine Banane
200 g fettarmer Kefir
1 TL gemahlene Haselnüsse
1 Msp. Vanillemark
1 TL Inulin
Flüssiger Süßstoff

1 Die Banane schälen und in Scheiben schneiden.
2 Bananenscheiben und Kefir im Mixer oder mit dem Schneidstab pürieren. Haselnüsse, Vanillemark und Inulin unterrühren und mit Süßstoff abschmecken. In eine gut schließende Flasche füllen.

Tipp Mixgetränke mit Milch und Milchprodukten schmecken am besten, wenn sie gut gekühlt sind. Für einen längeren Transport oder für ein Picknick im Grünen füllen Sie die Getränke am besten in eine Thermoskanne, nachdem Sie sie längere Zeit gekühlt haben.

Pro Portion 8 g E • 6 g F • 30 g KH • 230 kcal • 962 kJ • 5 g Ballaststoffe • 2,5 BE

Trinkmüsli

Zutaten

Für 1 Drink

1 Pfirsich
150 ml Buttermilch
1 EL geschroteter Leinsamen
2 EL Haferflocken
Flüssiger Süßstoff

1 Den Pfirsich waschen und würfeln. Wer die Haut nicht mag, zieht sie vorher ab.
2 Pfirsichwürfel mit der Buttermilch im Mixer oder mit dem Schneidstab pürieren.
3 Leinsamen und Haferflocken unterrühren und mit Süßstoff abschmecken. Das Trinkmüsli in eine gut schließende Flasche füllen. Sollten Sie länger unterwegs sein, empfiehlt sich für den Transport eine Thermoskanne (→ oben).

Pro Portion 11 g E • 5 g F • 28 g KH • 208 kcal • 873 kJ • 7 g Ballaststoffe • 2,5 BE

Orangen-Möhren-Mix

Zutaten

Für 1 Drink

100 ml Orangensaft
100 ml Möhrensaft
100 g fettarmer Naturjogurt
1 EL Haferkleie
1–2 EL Zitronensaft
Flüssiger Süßstoff

1 Orangen- und Möhrensaft mit Jogurt und Haferkleie verquirlen.
2 Den Drink mit Zitronensaft und Süßstoff abschmecken und in eine gut schließende Flasche füllen.

Tipp Wenn Sie einen Entsafter haben, bereiten Sie sich den Möhrensaft doch frisch zu – für 100 Milliliter Saft brauchen Sie etwa 250 Gramm frische Möhren. Möhren sind übrigens nur dann ideale Lieferanten, wenn man sie fein zerkleinert oder zu Saft presst. Knabbert man sie roh aus der Hand, kommen unsere Verdauungssäfte kaum an die wertvollen Inhaltsstoffe heran. Am besten trinkt man den Mix vor dem Essen, dann bremst er übermäßigen Appetit.

Pro Portion 7 g E • 2 g F • 22 g KH • 150 kcal • 627 kJ • 5 g Ballaststoffe • 1,5 BE

Jogurt-Gemüse-Drink

Zutaten

Für 1 Drink

100 g Salatgurke
2 kleine Tomaten
100 g fettarmer Naturjogurt
1/2 Bund Dill
1 TL Inulin
Einige Spritzer Worcestershiresauce

1 Die Gurke schälen und würfeln. Tomaten vierteln, dabei die Stielansätze herausschneiden.
2 Tomaten- und Gurkenstückchen, Jogurt und Dillzweige im Mixer oder mit dem Schneidstab pürieren. Inulin unterrühren und mit Worcestershiresauce abschmecken.
3 Den Drink in eine gut schließende Flasche füllen.

Pro Portion 5 g E • 2 g F • 9 g KH • 82 kcal • 344 kJ • 5 g Ballaststoffe • 1 BE

Heiße Trinkschokolade

Zutaten

Für 1 Drink

1/4 l fettarme Milch
1 gehäufter TL Kakaopulver
1 gehäufter TL Molkepulver
1 gehäufter TL resistente Stärke
Flüssiger Süßstoff

1 Die Milch in einem Topf aufkochen.
2 Kakaopulver, Molke und resistente Stärke in einer kleinen Schüssel mischen und dabei alle Klümpchen zerdrücken.
3 Das Pulver mit 4–5 Esslöffel Wasser glatt rühren und die Mischung in die kochend heiße Milch gießen. Unter Rühren noch einmal kurz erhitzen. Das Getränk mit Süßstoff süßen und zum Mitnehmen in eine Thermosflasche füllen.

Tipp Die Schokolade schmeckt auch gekühlt sehr gut.

Pro Portion 10 g E • 5 g F • 21 g KH • 174 kcal • 734 kJ • 3 g Ballaststoffe • 1,5 BE

VIEL WASSER TRINKEN

Wenn Sie gern abnehmen möchten, tun Sie gut daran, möglichst viel Wasser zu trinken. Es können gern zwei bis drei Liter sein, die Sie peu à peu über den Tag verteilt zu sich nehmen. Die Flüssigkeit hilft nicht nur, den Magen zu füllen, der Körper verbraucht auch zusätzliche Kalorien, um die Flüssigkeit zu verarbeiten. Außerdem entlastet Wasser die Nieren bei ihrer Entgiftungsarbeit. Ein Mehr an Flüssigkeit spült unbekömmliche Stoffe leichter aus dem Körper. Wer über den Tag verteilt so viel trinkt, dass der Urin ganz hell und geruchlos wird, macht es richtig. Ist der Urin gelb oder gar dunkelgelb sollten Sie dringend mehr trinken. Welches Wasser man wählt, ist Geschmacksache. Es kann einfaches Leitungswasser sein oder Mineralwasser, je nachdem, was Sie lieber mögen. Mineralstoffe und Spurenlemente geben verschiedenen Mineralwässern den typischen Geschmack und versorgen den Körper zusätzlich mit Kalium, Kalzium, Magnesium und Eisen. Frauen ab 45 können ihren Knochen zuliebe den Durst mit kalziumreichen Mineralwässern löschen. Günstig sind Wässer mit über 400 Milligramm Kalzium pro Liter.

Wichtige Adressen

Der Deutsche Diabetiker Bund e.V. ist die älteste und größte Selbsthilfeorganisation von Diabetikern, Angehörigen und Interessierten in Deutschland. Die von den Mitgliedern und den Vereinsorganen gewählten Vertreter und Amtsinhaber sind ehrenamtlich tätig. Der DDB finanziert seine Arbeit in der Hauptsache aus den Beiträgen seiner Mitglieder, zum kleineren Teil aus Spenden und öffentlichen Zuschussmitteln.

Deutscher Diabetiker-Bund e.V. (DDB)

Bundesgeschäftsstelle
Goethestr. 27
D-34119 Kassel
Telefon (05 61) 7 03 47 70
Fax (05 61) 7 03 47 71
info@diabetikerbund.de
http://www.diabetikerbund.de
Der DDB hat 16 Landesverbände und vier Mitgliedsorganisationen; es gibt im Bundesgebiet ca. 700 Bezirksverbände oder Selbsthilfegruppen.

Deutsche Diabetes-Stiftung

Am Klopferspitz 19
D-82152 Martinsried
Telefon (089) 57 95 79-0
Fax (089) 57 95 79-19
info@diabetesstiftung.de
http://www.diabetesstiftung.de
http://www.diabetes-risiko.de
Die Stiftung will die Bevölkerung über Entstehung und Bedeutung des Diabetes aufklären; Menschen, die Diabetes haben, sollen weitergebildet werden, damit sie sich mit ihrer Krankheit gut auskennen.

Neu bei der Behandlung des Diabetes ist das »Disease Management Programm«. Es soll die Qualität der Therapie und die Einbindung der Betroffenen verbessern. Wer mehr darüber wissen möchte, kann sich bei Ärzten und bei den Diabetes-Institutionen informieren.

Arbeitsgemeinschaft niedergelassener diabetologisch tätiger Ärzte e.V. (AND)

Dr. med. Heinz Jürgen Rüßmann
Wilhelminenstraße 22
D-46537 Dinslaken
Telefon (020 64) 3 64 64
(Mo–Fr 8–12 Uhr)
Fax (020 64) 3 18 77

Berufsverband Deutscher Diabetologen (BDD)

c/o Dr. Martin Anders
Prenzlauer Allee 146
D-10409 Berlin
Telefon (030) 4 44 08 41
Fax (030) 4 42 61 18
Die Mitglieder sind niedergelassene Ärzte mit dem Schwerpunkt Diabetologie.

Bundesärztekammer

Arbeitsgemeinschaft der deutschen Ärztekammern
Herbert-Lewin-Str. 1
D-50931 Köln
Telefon (02 21) 40 04-0
info@baek.de
www.baek.de
Wer Informationen zu Diabetes oder einen Spezialisten sucht, wendet sich an diese Organisation der Ärzteschaft.

Lebensmittelversand

Siegrid Harbach Vertrieb
Eppendorfer Landstr. 156
D-20251 Hamburg
Telefon (040) 24 18 36 00
Fax (040) 24 18 36 01
Vertrieb@Harbach.de
Resistente Stärke, Inulin und ballaststoffreiche Müslis kommen auf Bestellung per Post. Preisliste anfordern!

Über dieses Buch

Die Autorinnen

Astrid Büscher und Elisabeth Lange leben in Hamburg. Beide haben Ernährungswissenschaften studiert und arbeiten seit vielen Jahren für Zeitschriften- und Buchverlage. Elisabeth Lange hat sich als Autorin auf Ernährungsratgeber spezialisiert. Astrid Büscher sorgte mit einer modernen Diätberatungssoftware dafür, dass alle Rezepte in diesem Buch figurfreundlich sind und den Regeln einer optimalen Ernährungsweise für Diabetiker entsprechen. Viele der Gerichte hat sie ihrem Mann und ihren zwei Kindern, die meist nicht wussten, dass es sich um Diät-Rezepte handelte, zum Probieren vorgesetzt. Ins Buch gelangte nur, was allen gut schmeckte.

Der Fotograf

Karl Newedel arbeitete elf Jahre als gelernter Koch und Küchenchef in der Spitzengastronomie, bevor er sich als freischaffender Foodstylist einen Namen machte und dabei seine Liebe zur Fotografie entdeckte. Seit 1996 leitet er in München sein eigenes Fotostudio, in dem neben Industrieaufnahmen bereits zahlreiche, zum Teil national wie international ausgezeichnete Kochbücher entstanden sind.

Bildnachweis

Alle Rezeptabbildungen sowie 26, 48, 68, 92, 110: Karl Newedel, München; 2: DigitalVision; 6: Digital Stock; 8: MEV; 12: Projectphoto; 17: Photodisc; 21: Helga Florian, Weiden
Alle Freisteller: PhotoAlto (Rozenbaum & Cirou), Paris, außer 96: Ulrike Schmidt, Alling bei München

Haftungsausschluss

Impressum

Weltbild Buchverlag
-Originalausgaben-

6. Auflage 2006

Projektleitung: Julia Kotzschmar
Redaktion: Michaela Röhrl, Germering
Umschlagfotografie: Karl Newedel, München
Umschlaggestaltung und Innenlayout: X-Design, München
Satz: AVAK Publikationsdesign, München
Reproduktion: Point of Media GmbH, Augsburg
Druck und Bindung: aprinta Druck GmbH und Co. KG, Senefelderstraße 3-11, 86650 Wemding

Gedruckt auf chlorfrei gebleichtem Papier

Printed in Germany

ISBN 3-89897-052-3

Nicht nur für Diabetiker: Dies ist ein ideales Kochbuch für alle, die gern langfristig auf natürliche Weise abnehmen möchten. Die Rezepte sind alltagstauglich und leicht nachzukochen. Sie machen es einfach, fettreduziert zu essen und dabei auf nichts zu verzichten.

Hinweis in eigener Sache

Unsere Rezepte werden von erfahrenen Fachautoren kreiert und erprobt. Wir freuen uns jedoch über Anregungen, Tipps oder Kritik und helfen bei Fragen gern weiter.
Bitte wenden Sie sich an:
Weltbild Buchverlag
-Originalausgaben-,
Steinerne Furt 67,
86167 Augsburg,
oder schicken Sie uns eine E-Mail an:
Gabriele Beck@weltbild.com

Rezeptregister

Stichwortverzeichnis